PENSAMENTOS PODEROSOS

*O encontro diário
com a palavra de Deus*

REFLEXÕES, MENSAGENS E ORAÇÕES

Título – Pensamentos Poderosos -
O Encontro Diário com a Palavra de Deus
Copyright da atualização © Editora Lafonte Ltda. 2019

Todos os direitos reservados.
Nenhuma parte deste livro pode ser reproduzida por quaisquer meios existentes sem autorização por escrito dos editores e detentores dos direitos.

Direção Editorial Sandro Aloisio
Reflexões (textos) Denise Gianoglio

Realização

FULLCASE COMUNICAÇÃO

Coordenação Editorial Angel Fragallo
Jornalista Responsável juliana Klein
Diagramação e Arte Rodrigo R. Matias
Revisão de Texto Adriana Giusti
Fotos/Ilustrações www.istockphoto.com

```
Dados Internacionais de Catalogação na Publicação (CIP)
           (Câmara Brasileira do Livro, SP, Brasil)

   Menezes, Igor Grecco
      Pensamentos poderosos : o encontro diário com a
   palavra de Deus : reflexões, mensagens e orações /
   Igor Grecco Menezes. -- São Paulo : Lafonte, 2019.

      ISBN 978-85-8186-354-2

      1. Autoconhecimento - Aspectos religiosos -
   Cristianismo 2. Mensagens 3. Orações 4. Palavra de
   Deus 5. Reflexões I. Título.

19-25802                                      CDD-204.2
```

Índices para catálogo sistemático:

1. Autoconhecimento : Aspectos religiosos :
      Cristianismo   204.2

Cibele Maria Dias - Bibliotecária - CRB-8/9427

Editora Lafonte

Av. Profª Ida Kolb, 551, Casa Verde, CEP 02518-000, São Paulo-SP, Brasil
Tel.: (+55) 11 3855-2100, CEP 02518-000, São Paulo-SP, Brasil
Atendimento ao leitor (+55) 11 3855-2216 / 11 – 3855-2213 – *atendimento@editoralafonte.com.br*
Venda de livros avulsos (+55) 11 3855-2216 – *vendas@editoralafonte.com.br*
Venda de livros no atacado (+55) 11 3855-2275 – *atacado@escala.com.br*

Impressão e acabamento:
Gráfica Oceano

IGOR GRECCO MENEZES

PENSAMENTOS PODEROSOS

O encontro diário com a palavra de Deus

REFLEXÕES, MENSAGENS E ORAÇÕES

Lafonte

Agradeço a Deus, criador de todas as coisas; a Jesus Cristo, autor e consumador da minha fé; e aos que são a razão de eu tentar ser melhor a cada dia: minha esposa Sandra, meus filhos Fred, Geórgia e José Neto. Amo vocês.

O PODER DO PENSAMENTO

Vivemos tempos difíceis. Estamos cada vez mais equipados para o mundo virtual e carentes de nós mesmos. E quanto mais longe de nossa essência, mais nos afastamos da felicidade. Quem consegue se manter leve quando toda a energia é tragada pela urgência? Como encontrar equilíbrio em meio a tantas incertezas e relações descartáveis? É preciso estar forte. É preciso alimentar a alma com pensamentos positivos para atravessar tempestades ou simplesmente aproveitar os bons momentos com maior intensidade.

Aqui você encontra mensagens que poderão ajudá-lo nessa busca por paz interior. Bastam apenas alguns minutos de reflexão para revigorar as esperanças e enfrentar um novo dia com determinação e otimismo. Acredite, para toda e qualquer situação, sempre há alternativa. Você só precisa estar pronto para avistá-la. O primeiro passo é o autoconhecimento. Abra seus olhos, ouvidos e coração, permita que Deus oriente sua caminhada e descubra os verdadeiros propósitos da vida.

Boa jornada!

Igor Grecco Menezes

O AUTOR

Igor Grecco Menezes é um homem de fé. Acostumado a superar muitas dificuldades na vida pessoal desde cedo, ainda na juventude teve de lidar com a dura realidade da dependência química. Uma luta travada até hoje e vencida diariamente após ter constituído família, educado três filhos, se formado em Direito e desenvolvido atuação intensa na igreja cristã, onde congrega e convive com realidades das mais diversas.

Seu desafio nesta obra foi estabelecer a conexão entre os pensamentos e as sagradas escrituras. Os textos da Bíblia oferecem caminhos, não por acaso ela é chamada de *O Livro da Vida*. Por isso o autor pretende, com suas reflexões, sensibilizar os leitores para um novo entendimento do mundo e das relações humanas.

SUMÁRIO

Comportamento 7
Desenvolvimento Pessoal 39
Relacionamento 73
Família 83
Autoconhecimento 93

A ANSIEDADE ME CONSOME DIARIAMENTE... NÃO CONSIGO VIVER O HOJE

"Tudo tem o seu tempo determinado, e há tempo para todo o propósito debaixo do céu."
(Eclesiastes 3:1)

Há tempo de rir e tempo de chorar, tempo de plantar e tempo de colher, tempos de guerras e tempos de paz. Passaremos por felicidades e tristezas, por altos e baixos, esse é o ciclo da vida. Não importa o tempo pelo qual você esteja passando agora, importa que ele não será eterno.

A ansiedade é reflexo disso. Vontade de se livrar dos problema e dores do presente, mirando num futuro que nunca chega. Sim, nunca chega. Porque problemas e dores sempre irão existir em nossas vidas. Assim como haverá sempre momentos de alegria, felicidade, alívio e paz. É preciso perceber isso e valorizar cada bom momento. Viver o hoje em sua plenitude. Aprender com os problemas, ter gratidão e olhar para o futuro com esperança sim, mas sabendo que novos desafios virão.

Aquiete seu coração. Levante a cabeça, os tempos difíceis passarão e o tempo da paz chegará, tão certo como o ar que respiramos, ele chegará.

A ANSIEDADE ME CONSOME DIARIAMENTE...
NÃO CONSIGO VIVER O HOJE

Tente construir uma lista das coisas que estão lhe corroendo, provocando ansiedade e angústia. Para cada uma delas se faça a pergunta: eu posso fazer algo sobre isso, depende de mim mudar essa situação? Se a resposta for sim, então dê o seu melhor, mas se for não, coloque suas energias em outro lugar e tenha um problema a menos.

_____

_____

_____

_____

_____

_____

_____

_____

_____

_____

_____

_____

TEM DIAS QUE ME SINTO O PIOR DOS MORTAIS. MEU AMOR PRÓPRIO NÃO EXISTE

"Direi do Senhor: Ele é o meu Deus, o meu refúgio, a minha fortaleza, e Nele confiarei." *(Salmos 91:2)*

Será que conseguimos imaginar o momento em que o salmista recita esse salmo? Certamente num momento de grande guerra, num momento em que ele era perseguido pelos seus inimigos.

O que fica para nós, ao analisarmos esses versos, é que temos de ter em Deus a confiança de que Ele é por nós, independentemente daquilo que se encontra em nossa frente. As coisas materiais trazem uma segurança transitória, mas as aflições, nossos medos e inseguranças não se resolvem nesse campo. Tristeza, angústia, solidão e mágoa precisam ser combatidas com autoconfiança e amor próprio. E essa relação com Deus – que alguns chamam de energia cósmica, vibração, seja lá como queiram definir – é fundamental na busca desse caminho. É reconfortante acreditar que algo maior cuida de nós e nos ama. Nos faz sentir especial e singular. Esse é o primeiro passo para aceitarmos nossas imperfeições, nos amarmos apesar delas e realizar todo o nosso potencial. Nunca estaremos sozinhos quando nosso amor próprio floresce.

TEM DIAS QUE ME SINTO O PIOR DOS MORTAIS. MEU AMOR PRÓPRIO NÃO EXISTE

Pense e escreva sobre o que, nos últimos tempos,
fez você se sentir forte e quando isso mudou.

SINTO UM VAZIO QUE SÓ SE PREENCHE QUANDO BEBO OU ESTOU EM FESTAS COM AMIGOS, MAS LOGO ESSE VAZIO VOLTA

"Deleite-se no Senhor, e Ele atenderá aos desejos do seu coração." (Salmos 37:4)

Vivemos num mundo de valores invertidos. Esses prazeres efêmeros, de efeitos imediatos, são a dinâmica que estimula a busca incessante pelo prazer. O prazer e a satisfação que nunca chegam. E nem chegarão, pois se assim fosse, a busca se encerraria. E a roda que nos impulsiona nessa busca, baseada principalmente no consumo, pararia.

É impossível viver fora dessa dinâmica, alheios a essa roda. Mas é plenamente possível equilibrar esse jogo e diminuir o tamanho desse vazio e seus efeitos malignos.

Revisite seus valores. Aqueles que foram plantados lá na sua infância, da convivência com a família, das inocentes brincadeiras com os amigos. Busque relações mais sólidas e menos baseadas nas badalações e nas conveniências. Fuja dos elogios fáceis, das bajulações. Prefira os que criticam de forma sincera e construtiva. Busque antes o reconhecimento.

Cuide da espiritualidade. Resista às tentações do prazer imediato. Medite, ore, reze, silencie e busque dentro do seu coração a paz e a força que te levarão à felicidade que não passa, mas que também não se compra, não tem embalagem e nem *slogan*, aquela que não se vê... apenas se sente.

SINTO UM VAZIO QUE SÓ SE PREENCHE QUANDO BEBO OU ESTOU EM FESTAS COM AMIGOS, MAS LOGO ESSE VAZIO VOLTA.

A bebida não preenche seu vazio interior, ela apenas mascara uma insatisfação e até reforça esse problema quando perde o efeito. Peça ajuda a Deus. Reserve 15 minutos do seu dia para conversar com Ele e buscar orientação. Dê um tempo nas festas e faça algum trabalho voluntário, isso certamente acalmará sua alma. Você pode, inclusive, envolver seus amigos nessa mudança. Veja abaixo alguns tipos de trabalhos voluntários, marque os que combinam com suas habilidades e anote como você vai ocupar sua mente com novos propósitos de vida.

( ) Amparar animais abandonados

( ) Dar aulas de reforço escolar gratuitas

( ) Distribuir alimentos e agasalhos para moradores de rua

( ) Ensinar trabalhos manuais em ongs

( ) Colaborar com iniciativas ambientais

( ) Contar histórias para crianças

( ) Auxiliar portadores de deficiências

( ) Dar aulas de esportes ou música

( ) Fazer companhia para idosos em asilos

( ) Arrecadar mantimentos para famílias carentes

TRABALHOS VOLUNTÁRIOS QUE EU POSSO FAZER

_____

_____

_____

_____

TENHO A PÉSSIMA MANIA DE JULGAR AS PESSOAS PELAS APARÊNCIAS

"Porque o Senhor não vê como vê o homem, pois o homem vê o que está diante dos olhos, porém o Senhor olha para o coração." (1 Samuel 16:7)

É preciso enxergar além das aparências. Precisamos enxergar o coração das pessoas, já que nossos olhos podem nos trair ao fazermos um julgamento por aquilo que estamos vendo. Você já deve ter ouvido a máxima de que não devemos julgar um livro apenas pelo que vemos na capa. Por falar em livro, a Bíblia, aliás, nos traz uma passagem que narra, lá ainda no Velho Testamento, um episódio típico de como as aparências podem nos enganar. O texto conta que Samuel estava indo ungir um dos filhos de Jessé para fazer dele o Rei de Israel. Samuel olhou cada um deles, todos belos e de boa estatura. Pelo que via, julgou que um desses viria a ser o Rei. Contudo, entre eles, havia um que destoava em altura e força: Davi, o escolhido por Deus. Logo ele, o de aparência mais franzina, frágil, um simples pastor de ovelhas. Onde Samuel viu apenas um menino, os olhos de Deus viram um grande rei.

Agimos da mesma forma, exaltamos aquilo que nossos olhos enxergam em vez de ir mais fundo, valorizar o que as pessoas trazem no coração, o caráter, a honestidade, os sentimentos bons. No mundo das aparências, muito facilmente os valores se invertem. O pior é que da mesma forma como julgamos também nós somos julgados.

E ninguém gosta de ser subestimado ou reduzido em suas capacidades apenas por conta do que aparenta ser. De que adianta ter uma boa condição financeira, andar com as melhores roupas, os melhores carros e ter um coração endurecido e cheio de rancor? O essencial é invisível aos olhos, bem lembrou Antoine de Saint-Exupéry em *O Pequeno Príncipe*.

Reflexão

TENHO A PÉSSIMA MANIA DE JULGAR AS PESSOAS PELAS APARÊNCIAS

Repare em cinco erros e acertos nesta imagem.

É bem provável que escolha julgar os erros primeiro, vai identificá-los com bem mais facilidade e em menos tempo, exatamente como fazemos na vida.

QUANDO ME FALTA O CHÃO, OLHO PARA OS LADOS E NÃO HÁ NINGUÉM PARA ME DAR SUPORTE

"... é abundante a nossa consolação por meio de Cristo." (2 Coríntios 1:5)

Que tal uma corrente do bem no tocante à consolação, ao conforto espiritual e emocional? Todos nós precisamos, em algum momento de nossa vida, de respaldo, de suporte, de algo que traga alívio.

Mas muito mais que ser consolado, precisamos consolar, não podemos ser egoístas. Se você precisou e obteve acolhimento na hora de um sofrimento, partilhe essa solidariedade e ensine a quem você consolou a consolar também. Esse gesto muda o mundo.

Atualmente as pessoas estão mais preocupadas com o próprio umbigo e é de extrema importância fazermos diferente para fazermos a diferença. O apoio que você recebeu e repassou, voltará para você um dia. Porque todos nós passamos por momentos em que precisaremos de um respaldo. Deus é a maior fonte de consolo que uma pessoa pode ter, e nenhum tipo de sofrimento passa sem ser percebido pelos olhos do Criador. Devemos também nós fazer assim. Certamente, o bem que emanamos é o bem que voltará para nossa vida.

QUANDO ME FALTA O CHÃO, OLHO PARA OS LADOS E NÃO HÁ NINGUÉM PARA ME DAR SUPORTE

Existem inúmeras máximas como: "É dando que se recebe", "Sorria para a vida que ela sorrirá para você" e outras tantas, mas já parou para pensar que elas têm um fundo de verdade? Faça da gentileza um exercício diário, até que ela se torne natural, parte de você, algo que será feito sem a premissa do receber de volta. Querer fazer parte de um grande projeto de solidariedade é válido, nobre, mas é dentro do seu dia a dia, na sua própria casa, no caminho do trabalho, que estão as enormes possibilidades de realizar e multiplicar gentilezas.

Aprender a perceber o outro e a si mesmo trará grande impacto na sua vida. Comece com uma lista dos que estão à sua volta; familiares, amigos, colegas de estudo ou trabalho; pessoas com as quais você se importa ou não; outras que você perdeu contato; e pense o que poderia fazer por elas, das mais simples ações como um recado de carinho espontâneo, a outras mais complexas. Eleja um dia da semana para ser *O Dia do Outro*.

Minha corrente do bem

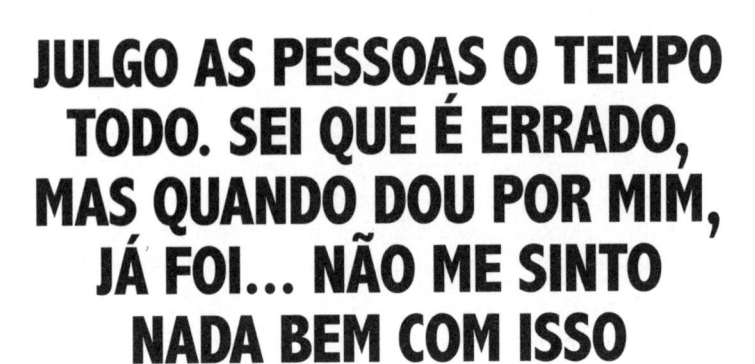

JULGO AS PESSOAS O TEMPO TODO. SEI QUE É ERRADO, MAS QUANDO DOU POR MIM, JÁ FOI... NÃO ME SINTO NADA BEM COM ISSO

"Irmãos, não falem mal uns dos outros... Há apenas um Legislador e Juiz, aquele que pode salvar e destruir. Mas quem é você para julgar o seu próximo?" (Tiago 4:11-12)

Não se aflija. Você não é a única pessoa que se coloca na posição de juiz neste mundo. Parece mesmo ser um traço da personalidade dessa sociedade moderna. Invariavelmente, estamos o tempo todo analisando, comparando, julgando e sentenciando o comportamento alheio. Definitivamente, essa não é uma boa prática. Afinal, ninguém gosta de sentar no "banco dos réus", principalmente sem saber o motivo de estar lá. Sim, porque normalmente, julgamos as pessoas – atitudes e aparências – sem sequer avisá-las de que elas estão em "análise". É comum esse "julgamento" ser feito pelas costas, em conversas reservadas com terceiros.

Julgam seu caráter sem ao menos lhe oferecer chance de uma explicação. Não raro, sequer esses juízes têm clareza do que realmente viram ou ouviram.

Quem se coloca na posição de "juiz", clama para si uma superioridade, um "estar acima de" que, ao mesmo tempo em que o eleva, diminui o outro. É um ato arrogante, prepotente, egoísta. Pense nisso antes de assumir tal posição. Assim, aos poucos, esse comportamento vai mudar e você se sentirá bem melhor.

JULGO AS PESSOAS O TEMPO TODO. SEI QUE É ERRADO, MAS QUANDO DOU POR MIM, JÁ FOI... NÃO ME SINTO NADA BEM COM ISSO

Estabelecer um conceito sobre alguma coisa sem conhecê-la completamente é uma forma de defesa, própria do ser humano, para protegê-lo de experiências arriscadas. O problema é quando você, com base em informações que nem aprofundou, começa a agir de acordo com esse "pré" conceito, a discriminar pessoas e a passar adiante a sentença desse seu julgamento interno.

Isto é parte de um teste aplicado em um curso de ética. Cada descrição pertence a alguém famoso. Experimente pensar quem são e teste o seu "pré-conceito":

1) Seu pai se recusou a reconhecer a paternidade, ainda jovem acusado por atentado ao pudor. Pintor.

2) Artesão, desempregado, sem-teto, amigo de ladrões e condenado à morte.

3) Moço tímido na adolescência, soldado e trabalhador voluntário, teve boa educação, casado, 12 filhos.

4) Órfã, criada em orfanato, adotada várias vezes até se casar aos 16 anos, viciada em drogas.

5) Estudioso, não fuma, não bebe, solteiro, grande organizador, escreveu um livro intitulado "Minha Luta".

1) LEONARDO DA VINCI. 2) JESUS CRISTO 3) OSAMA BIN LADEN 4) MARILYN MONROE 5) HITLER.

NÃO GOSTO DE TOMAR DECISÕES E ISSO ME ANGUSTIA

"... a sabedoria preserva a vida de quem a possui."
(Eclesiastes 7:12)

Os problemas não deixam de existir quando evitamos ou postergamos a tomada de uma decisão. Essa atitude só transfere para outro o que deveria ser nossa responsabilidade. Com medo de errar, cometemos o maior erro, que é o de colocar nossas vidas e a dos entes queridos nas mãos de outra pessoa. O nome disso é omissão.

A vida é para ser vivida com sabedoria, e para isso temos o dom da inteligência dado por Deus. Por mais abstrato que seja o conceito de sabedoria, podemos definir alguns parâmetros que nos ajudam a escolher e decidir: bom senso, justiça, verdade e honestidade. Esses são preceitos que norteiam boas decisões. Se é verdade que é melhor uma má escolha que você faça do que uma boa escolha feita pelo outro em seu lugar, é verdade também que seguindo os critérios de bom senso, justiça, verdade e honestidade dificilmente se tomará uma decisão ruim. E mesmo que o resultado das nossas escolhas não seja o esperado, ainda assim haverá um aprendizado e, acima de tudo, a escolha foi nossa, não nos omitimos diante de nossa vida, não terceirizamos a responsabilidade do nosso destino.

Portanto, seja o comandante da sua jornada, tome decisões e aprenda com os erros. O texto de Eclesiastes nos ensina que a sabedoria preserva a nossa vida. E esse preservar não é apenas no sentido de proteção, mas também um preservar de manter a vida plena, acontecendo de verdade com o rumo que nós decidimos dar. Vida é dom e a nós foi dada de graça, então façamos dela o melhor que possa ser para nós e para os que vivem à nossa volta.

NÃO GOSTO DE TOMAR DECISÕES E ISSO ME ANGUSTIA

"Você não consegue escapar da responsabilidade de amanhã esquivando-se dela hoje", disse Abraham Lincoln.

- Faça uma lista dos seus medos e do que o está afastando da solução.
- Pense nos seus valores, norteie-se por eles, converse com Deus.
- Divida o problema em etapas e estabeleça objetivos para cada uma.
- Peça ajuda sempre, mas sem jogar a decisão para o outro.

SINTO QUE MUITAS VEZES FAÇO AMIZADES POR INTERESSE. ME SINTO MAL POR ISSO

"Em todo o tempo ama o amigo e para a hora da angústia nasce o irmão." (Provérbios 17:17)

Impossível alguém passar por esta vida sem ter feito um amigo. Essa infeliz pessoa ainda não nasceu. Tomara mesmo que não nasça alguém com destino tão triste. Amigo são familiares que escolhemos durante a vida. Encontros promovidos por Deus para dar mais cor, leveza e felicidade em nossa trajetória, tanto que existem amigos que são mais próximos do que os irmãos e demais familiares. Não podemos passar por essa vida sem ter ao menos um amigo de verdade, aquele que te confidenciará os seus mais profundos segredos. Um amigo de verdade estará com você nos piores e nos melhores momentos de tua vida e, muitas vezes, será o único que estará ao seu lado.

Mas amizades verdadeiras não são muitas. Muitos se aproximam do outro por algum interesse, pela chance de tirar alguma vantagem, algum proveito. Mas essas duram pouco. Não resistem ao primeiro obstáculo, afinal, não são baseadas em sentimentos sinceros, nem na verdade.

A escritura acima recomenda que amemos o amigo "o tempo todo", ou seja, nas boas e nas más horas. Principalmente quando as coisas não vão bem. Esse mesmo trecho pode dar a entender que a Bíblia opõe amigo e irmão. Mas essa é uma interpretação errada. Quando diz que "... para a hora da angústia nasce o irmão", apenas reforça que uma amizade sincera é tão forte que no pior momento essa relação transcende e o amigo transforma-se num verdadeiro irmão. Nasce um irmão na hora da angústia, um irmão que se manterá de mãos dadas com você e te ajudará a vencer as dificuldades. Em todas as fases de nossa vida temos amigos: o da infância, o da adolescência, o da juventude, o da vida adulta. Todos são inesquecíveis e marcam alguma época. Com todos temos uma história especial.

Tenha amigos, cultive-os. Seja você também um bom amigo. Faz bem para o coração e para a alma.

SINTO QUE MUITAS VEZES FAÇO AMIZADES POR INTERESSE. ME SINTO MAL POR ISSO

As amizades são naturalmente relações de troca. Todos esperamos receber algo: apoio, confiança, companhia... mas enxergar no amigo um trampolim para alcançar objetivos é, antes de tudo, uma falsa ilusão. Nos momentos difíceis, só os verdadeiros amigos lhe estenderão a mão. Faça o exercício a seguir e aproveite para refletir sobre os vários caminhos que a vida nos oferece. Cabe a você escolher como seguir para encontrar o que procura.

NÃO RESISTO A UMA BOA FOFOCA

"Meu filho, se os maus tentarem seduzi-lo, não ceda!" (Provérbios 1:10)

Ah, a maledicência! Essa vilã que ronda a história desde que o mundo é mundo! Intrigas perpassam por todas as épocas. São narradas desde o Antigo Testamento bíblico. Parece ser mesmo da natureza humana a atração por uma fofoca, um disse me disse. Não por acaso, novelas, filmes e séries sempre trazem uma intriga em seu enredo.

Mas devemos vigiar para não cair nessa tentação, pois as consequências são imprevisíveis. Muitas vezes não dá em nada, no máximo um mal-estar, uma rusga, um tremor nas relações. Contudo, em outras tantas situações, a intriga pode acarretar danos irreparáveis, como separação, brigas violentas, injustiças e até morte.

Seguremos, pois, a nossa língua. Guardemos aqueles comentários ou histórias sobre os quais não temos certeza, cuja veracidade não pode ser comprovada. Pense antes se, de fato, sua opinião é relevante, se será construtiva ou apenas irá colaborar para arruinar reputações. Não faça ao outro aquilo que você não gostaria que fosse feito a você.

NÃO RESISTO A UMA BOA FOFOCA

Tente se colocar no lugar do outro quando estiver prestes a fazer uma fofoca. A empatia é o melhor antídoto contra essa tentação. Aproveite esse momento e avalie seu nível de empatia. Basta responder com sinceridade e saberá se precisa se doar mais ao outro:

Você tem facilidade de se comunicar e revelar seus sentimentos?

_____

_____

_____

_____

Você se emociona ao ouvir relatos de pessoas em situação vulnerável?

_____

_____

_____

_____

Quanto de seu tempo você doa para ajudar as pessoas ao seu redor?

_____

_____

_____

_____

VIVO NUMA FALSA FELICIDADE, UMA VIDA DE APARÊNCIAS QUE GERA UM VAZIO CADA VEZ MAIOR

"Não mintam uns aos outros, visto que vocês já se despiram do velho homem com suas práticas e se revestiram do novo." (Colossenses 3:9-10)

Sempre é tempo de mudar o rumo das coisas. O passado não pode ser alterado, mas em relação ao futuro, podemos fazer diferente, podemos fazer melhor. Esse é o grande segredo da vida, a grande magia de poder recomeçar ou corrigir os rumos. Aprender com os erros do passado é uma bênção. Não repeti-los é sabedoria.

Nesse trecho encontrado em Colossenses, Deus nos motiva a deixar de lado as velhas práticas para que um novo homem renasça e transforme nossas vidas. A mentira não é apenas o aquilo que contamos aos outros por conveniência. A mentira surge em diversas formas e, muitas vezes, de um jeito bem sutil. É preciso ficar atento.

A pior mentira é aquela que contamos a nós mesmos. Essa é devastadora em médio e longo prazo, pois vivermos numa aparência que não condiz com a realidade é uma armadilha, nos obrigamos a verdadeiras loucuras para sustentar essa situação. Contudo, mais cedo ou mais tarde, a verdade virá à tona. E como iremos lidar com ela? Como reaprenderemos a viver de acordo com aquilo que de fato é real?

É preciso ter coragem e encarar os problemas para encaminhar as soluções. Não se obrigue a ser o que não é apenas para manter uma aparência de felicidade totalmente artificial, falsa. No final, é você mesmo quem irá pagar o preço.

Peça a Deus sabedoria e coragem para mudar sua vida. Creia, isso é possível e, quanto antes você encarar essa situação, melhor será.

VIVO NUMA FALSA FELICIDADE, UMA VIDA DE APARÊNCIAS QUE GERA UM VAZIO CADA VEZ MAIOR

A internet é um paraíso no qual podemos criar o mundo ideal: somos mais bonitos, mais interessantes, mais ricos. Mas isso não muda a realidade. E quanto mais nos afastamos de nossa essência, mais longe ficamos da verdadeira felicidade, apesar do sorriso nas fotos.

Experimente se livrar das imposições sociais. Escreva aqui quem você realmente é, o que quer para sua vida e como pretende conseguir cada objetivo. Use isso como uma carta de intenções para você mesmo.

MINHA HISTÓRIA REAL

NÃO SUPORTO ALGUMAS PESSOAS. SERIA MELHOR QUE NEM EXISTISSEM, NÃO FARIAM A MENOR FALTA

"Se alguém diz: Eu amo a Deus, e odeia a seu irmão, é mentiroso. Pois quem não ama a seu irmão, ao qual viu, como pode amar a Deus, a quem não viu?" (1 João 4:20)

Ama teu próximo como a ti mesmo. Esse é um dos primeiros ensinamentos que recebemos da Palavra de Deus. E faz todo sentido, porque, primeiro, ninguém vive sozinho e, sem essa noção de amor ao próximo, a convivência em sociedade não seria possível.

O amor fraterno tem suas características, ele deve possibilitar a convivência com aquele que nem conhecemos, mas aceitamos que ele também tenha seu espaço, seus direitos, assim como nós.

Dessa forma, cria-se um ciclo virtuoso, pois à medida que amo e respeito o meu próximo, independentemente de conhecê-lo, assim também farão em relação a mim. O amor e o respeito que dou é o amor e o respeito que recebo. Mas nos dias atuais tem sido cada vez mais delicado o exercício desse amor na prática.

E, por ironia, notamos que as igrejas estão lotadas como nunca. Aliás, elas (igrejas) têm se multiplicado de uma forma "assustadora". No entanto, em vez de um mundo mais tolerante e harmônico, vemos uma humanidade em conflitos terríveis por território, dinheiro, poder.

Nesse versículo, Deus deixa bem claro que não há como acreditar Nele, amá-lo, fazer tudo o que as escrituras mandam e não ter a capacidade de amar seu irmão, seu semelhante. Na medida em que somos todos filhos e filhas do mesmo pai, Deus se manifesta também no outro e, muitas vezes, principalmente no outro. Não amar o próximo é um obstáculo para quem deseja amar a Deus. As pessoas que de fato o conhecem são aquelas que o amam e que, portanto, amam o outro.

NÃO SUPORTO ALGUMAS PESSOAS. SERIA MELHOR QUE NEM EXISTISSEM, NÃO FARIAM A MENOR FALTA

Todos nós já caímos na armadilha de julgar o outro. Mas as pessoas têm muitas facetas, ninguém é totalmente chato ou qualquer outra característica ruim que nos obrigue a excluí-la de nossas vidas.

Experimente fazer a seguinte reflexão: coloque aqui o nome de alguém com quem você antipatiza e liste só aspectos positivos dessa pessoa. Lembre-se de fatos, características, frases, gestos, vale qualquer memória positiva que você tenha dela. Peça para conhecidos dessa pessoa fazerem o mesmo. Muitas vezes não percebemos aquilo que outros enxergam.

Quem sabe no fim do exercício você perceba que seu desafeto merece uma segunda chance.

NOME:
_____

CARACTERÍSTICAS POSITIVAS:

"Tudo depende de como vemos as coisas e não de como elas são" – Carl Jung

TRAÍ E ENGANEI MUITA GENTE. PEDIR PERDÃO NÃO TROUXE MINHA PAZ DE VOLTA

"... ai daquele que trai o Filho do Homem! Melhor lhe seria não haver nascido." (Mateus 26:24)

Quem trai o outro, trai primeiramente a si. Trai sua história e tudo aquilo que um dia defendeu e em que acreditou. Não se engane. Traição está longe de ser um ato de espertez. A sensação de vitória é enganosa, pois traição é das piores atitudes desde sempre. Vejam que um beijo de traição mudou a história da humanidade e mandou Jesus, o Filho de Deus, para a morte na cruz.

Quando se fala em traição, até por uma questão cultural, remetemos o pensamento logo à relação homem/mulher, à traição conjugal. Essa também, mas não apenas ela pode representar a decadência emocional e de caráter de quem trai. E aqui não vai nenhum discurso moralista, porque a questão, muito antes, é de caráter, de personalidade, de honestidade, pois aquele que trai (um amigo, a esposa, o marido, os pais, um vizinho, a empresa em que trabalha...) busca tirar alguma vantagem dessa prática. Ou seja, o pensamento incutido nessa atitude é ter ganho, concreto ou não. Pode ser prazer, dinheiro, prestígio, fama. E para obter esses ganhos, efêmeros em sua maioria, não importa se prejudicou alguém, feriu um coração, expôs uma pessoa, sujou a imagem de uma empresa.

Mas o final dessa história é quase sempre o mesmo: o traído, uma hora, supera a dor e segue em frente. Com sua dignidade intacta e de cabeça erguida. Já quem trai, precisa todo santo dia dialogar com seu travesseiro, com sua consciência, com a culpa, a vergonha, a cabeça baixa, pois podemos enganar uma, dez, cem, mil pessoas... mas esconder de nós mesmos, isso não tem jeito. A consciência cobra. Podemos nem responder a ela, mas diariamente ela nos lembra daquilo que de condenável fizemos.

TRAÍ E ENGANEI MUITA GENTE. PEDIR PERDÃO NÃO TROUXE MINHA PAZ DE VOLTA

A fé é uma virtude que Deus deu ao homem e só a ele. Ela é um salvo-conduto, uma tábua de salvação em qualquer situação de angústia e dor que só o homem tem. Porém, precisa ser cultivada ou corremos o risco de perdê-la ou destruí-la, e o caminho mais rápido e fácil para acabar com a sua fé é a deslealdade, a traição. Quando você trai, está traindo sua fé, aquela que você depositou muitas vezes no mesmo objeto da sua traição – seja o companheiro ou esposa, seja a empresa de onde tira o sustento, seja no colega, amigo ou um cliente.

Analise seus erros e tente:

- *Perceber as situações que levam a isso e evite-as, sempre que possível;*
- *Resistir ao impulso e buscar apoio de alguém de sua confiança;*
- *Colocar-se no lugar da pessoa e criar empatia com os sentimentos dela.*

Mais importante do que conseguir o perdão de quem se traiu é buscar o nosso, e isso só será possível se você parar de repetir o erro.

BUSCO A PERFEIÇÃO EM TUDO O QUE FAÇO, MAS SINTO QUE PECO E COMETO SEMPRE OS MESMOS ERROS

"Ouvindo isso, Jesus lhes disse: "Não são os que têm saúde que precisam de médico, mas sim os doentes. Eu não vim para chamar justos, mas pecadores."
(Marcos 2:17)

O perfeito morreu na cruz. Depois de Jesus, nenhum ser sobre a terra em nenhum tempo sequer se aproximou da perfeição. A imperfeição, ou qual seja a noção de pecado que se tenha, é parte inerente ao ser humano. Só por isso já é preciso aliviar a exigência consigo próprio. Aceitar-se com as falhas e as limitações que se tem, e todos as temos, é o primeiro passo para melhorarmos enquanto pessoa, sabendo sempre que a conquista da tão almejada "perfeição" jamais será alcançada. E, culpar-se à exaustão por isso, definitivamente, não é um bom caminho. É preciso perdoar-se, e aceitar-se.

O perdão liberta, e, quando ele vem de nós para nós mesmos, o benefício é em dobro, pois cura quem dá e quem recebe. Assim, seguiremos em frente mais atentos, observando com mais cuidado para não cometer os mesmos erros. Outros erros virão. Outros pecados serão cometidos. Mas o caminho da cura é longo, um aprendizado constante e interminável.

O que entendemos por erro pode ser um ensinamento se conseguirmos olhar com olhos que não sejam de condenação. Há sempre algo a ser aprendido, em toda e qualquer circunstância da vida. Devemos fazer dessa busca um aprendizado constante, com muito amor próprio, humildade e ciência de que a perfeição não habita em nenhum de nós.

BUSCO A PERFEIÇÃO EM TUDO O QUE FAÇO, MAS SINTO QUE PECO E COMETO SEMPRE OS MESMOS ERROS

Quantas vezes você se olha no espelho e se considera ótima, confiante, dois dias depois põe defeito nos cabelos, na pele, ou pensa que tem de emagrecer? E aquela roupa esquecida na gaveta que tanto lhe encantou na vitrine? E a droga do carro? Perfeição é mais um estado de espírito, que, dependendo do dia, das suas emoções ou da reação dos outros, faz você achar que está muito longe ou chegou perto – nela, não vai chegar.

Pratique esses passos:

1. Não se deixe levar pela opinião dos outros e tente ser consciente do poder que ela exerce sobre como você se vê. Quanto mais você tenta se encaixar no padrão alheio, mas fora ficará do seu.

2. Nunca traia suas crenças e valores para tentar satisfazer à opinião de outro.

3. Tentar reproduzir o comportamento de alguém, ou seu talento, só lhe trará frustração. Liste seus pontos fortes, lembre-se dos seus melhores momentos e faça deles a sua meta máxima, não a menor.

PARA FICAR BEM COM MEU CHEFE, TESTEMUNHEI CONTRA UM COLEGA. APESAR DE NÃO TER HAVIDO CONSEQUÊNCIAS MAIORES, NÃO TENHO PAZ NA CONSCIÊNCIA

"Porque muitos testificavam falsamente contra Ele, mas os testemunhos não eram coerentes." (Marcos 14:56)

Foi um falso testemunho que ajudou de forma decisiva a levar Jesus, o Filho de Deus, à condenação e à morte na cruz. Em toda a Bíblia, as escrituras sagradas condenam o falso testemunho, pois é um pecado com capacidade imensa de gerar morte.

O texto de Marcos sublinha exatamente um dos crimes cometidos contra Jesus e, consequentemente, contra Deus. *"... muitos testificaram falsamente contra Ele"*, e quando fazemos o mesmo contra qualquer pessoa, seja qual for o motivo, estamos nos igualando aos que crucificaram Jesus.

Definitivamente, levantar um falso contra um inocente é das atitudes mais mesquinhas, baixas e repugnantes que podemos ter, pois é uma maneira desonesta de tirarmos alguma vantagem e, em nome disso, não hesitamos em jogar o outro na lama, em criar problemas. É a ideia de que o importante é levar vantagem em tudo, se dar bem e para conseguir isso praticamos o "vale tudo". Não é por aí que a vida deve ser tocada. Até porque o mal que faço hoje pode ser o mal que se voltará contra mim amanhã.

Coloque-se no lugar do outro por um instante. Pense que a pessoa que será prejudicada por um falso testemunho seu pode ter filhos, marido ou esposa, pais, amigos. Imagine o desencadeamento de sentimentos ruins que isso vai gerar. Imagine que talvez ela nem tenha como justificar ou provar o contrário. Vale a pena patrocinar tanto sofrimento?

A única maneira de recuperar a paz de espírito após cometer um erro desses é assumindo a responsabilidade e tentar, de todas as formas possíveis, reparar o estrago feito. É preciso procurar a pessoa que foi prejudicada e pedir perdão, assumir as consequências e pedir a Deus sabedoria para não cometer mais esse terrível pecado.

PARA FICAR BEM COM MEU CHEFE, TESTEMUNHEI CONTRA UM COLEGA. APESAR DE NÃO TER HAVIDO CONSEQUÊNCIAS MAIORES, NÃO TENHO PAZ NA CONSCIÊNCIA

A culpa por prejudicar alguém em benefício próprio rouba a paz interior. Para ajudá-lo a tomar coragem e pedir perdão ao colega, converse antes com Deus. Escreva uma carta expondo os motivos que a levaram a cometer esse erro, explique como está se sentindo e se comprometa com a verdade. Você se sentirá mais fortalecida depois de abrir seu coração a Deus.

CARTA DE PERDÃO A DEUS

QUEM PLANTA COLHE. SE ALGUÉM ESTÁ SE DANDO MAL, NA CERTA FEZ POR MERECER

"Bem-aventurados os misericordiosos, porque eles alcançarão misericórdia." (Mateus 5:7)

Vibrar com o fracasso alheio. Torcer para que "a vida dê uma lição" em fulano. Ser implacável com as falhas dos outros. Este sim é um comportamento pouco recomendável para quem deseja levar uma vida mais pacífica e leve. Sim, porque se a lei do retorno for realmente implacável, será muito triste quando isso acontecer.

Tudo o que desejamos, e contamos com isso, é que Deus tenha piedade e misericórdia de nós quando cometemos erros. Daí a pergunta: como você tem tratado o seu próximo? Independentemente de quem seja ele, um parente, um amigo, um funcionário, um patrão, um desconhecido. Por que queremos o olhar misericordioso de Deus e fazemos justamente o contrário em relação ao outro? É preciso cuidado. Não sabemos as circunstâncias, os motivos, a histórias de cada um. Julgar já não é um ato digno. Pior ainda quando resolvemos julgar o outro a partir de uma percepção pessoal, como se fôssemos diferentes, especiais, perfeitos. O ser humano, em geral, é cheio de erros, e acha até normal suas imperfeições, porém, não aceita os mesmos erros e imperfeições no próximo.

Num mundo tão corrompido, cheio de pessoas egoístas que só olham para o próprio umbigo, é fundamental tratarmos as pessoas com amor, caridade e misericórdia. Se Deus é o Pai da misericórdia, temos que imitá-lo.

Comece a mudar a maneira como enxerga o teu próximo, tenha mais piedade. Já temos muitas pessoas apontando o dedo ou desfazendo do próximo, faça diferente, faça a diferença.

Não importa a cor, a opção sexual, a classe social, enfim, não importa nada dessas coisas, enxergue todos com misericórdia, pois quando precisar dela, sem dúvida alguma, Deus se lembrará de dar a sua paga.

Reflexão

QUEM PLANTA COLHE. SE ALGUÉM ESTÁ SE DANDO MAL, NA CERTA FEZ POR MERECER

A Lei da Semeadura foi criada para nos ensinar o peso da responsabilidade. Usá-la para julgar o próximo e torcer pela infelicidade alheia é plantar sentimentos ruins. Exercite o olhar da compaixão. Tente resgatar a generosidade, o altruísmo. Ajudar o próximo faz bem à alma e até melhora seu estado físico. Veja aqui 5 maneiras de ser solidário e liste o que você poderia fazer para ajudar alguém.

1. **Doe alguma coisa** que já não usa;
2. **Console alguém** que esteja passando por um momento difícil;
3. **Envie uma mensagem** carinhosa;
4. **Doe um alimento** para um necessitado;
5. **Faça voluntariado** em abrigos de idosos.

COMO POSSO AJUDAR ALGUÉM HOJE

_____
_____
_____
_____
_____
_____
_____
_____

Desenvolvimento Pessoal

NÃO NASCI PARA SER FELIZ. NÃO CONSIGO CONQUISTAR NADA DAQUILO QUE QUERO

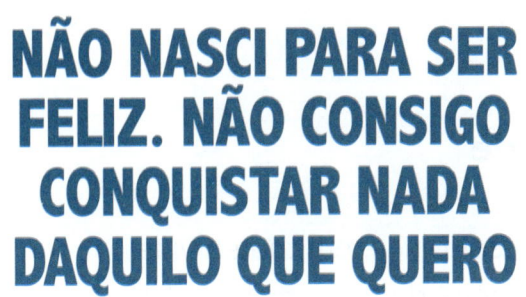

"Assim que já não és mais escravo, mas filho; e se és filho, és também feito herdeiro por Deus." (Gálatas 4:7)

São muitas as situações de escravidão que vivemos no nosso cotidiano. Se somos escravos, é porque assim permitimos. Não podemos permitir estados de escravidão. Nos dias de hoje, o que não nos faltam são apelos, coisas e situações que nos escravizam. Deixamos de ter e viver a alegria e satisfação daquilo que temos, que conseguimos, que conquistamos, para lamentar, nos deprimir e entristecer pelo que não possuímos. Podemos ser escravos do dinheiro, do sexo, de vícios e de coisas como um aparelho celular último modelo, um carrão, uma viagem não realizada, um amor não correspondido. Isso tudo nos faz escravos, somos infelizes por não conseguirmos nos libertar desses apegos. Precisamos resgatar o amor próprio, a autoconfiança, a autoestima elevada, sem soberba, sem orgulho, sem vanglória, mas com muita humildade e sabedoria para perceber que a soma de pequenas conquistas diárias dá a grandeza de uma vida plena.

Reflexão

NÃO NASCI PARA SER FELIZ. NÃO CONSIGO CONQUISTAR NADA DAQUILO QUE QUERO

Felicidade

Só a leve esperança, em toda a vida,
Disfarça a pena de viver, mais nada:
Nem é mais a existência, resumida,
Que uma grande esperança malograda.

O eterno sonho da alma desterrada,
Sonho que a traz ansiosa e embevecida,
É uma hora feliz, sempre adiada
E que não chega nunca em toda a vida.

Essa felicidade que supomos,
Árvore milagrosa, que sonhamos
Toda arreada de dourados pomos,

Existe, sim: mas nós não a alcançamos
Porque está sempre apenas onde a pomos
E nunca a pomos onde nós estamos.

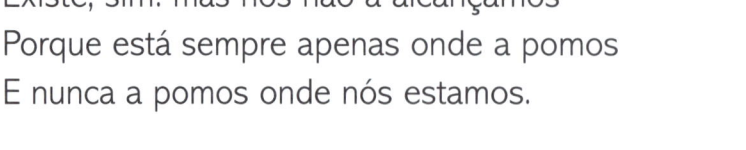

Este poema de Vicente de Carvalho traduz bem a situação de quem vive infeliz por plantar a árvore da felicidade no quintal do vizinho, não valorizando o que a vida lhe oferece. E você, onde vai colocar a sua daqui para frente?

CANSEI DE SER TROUXA. AJUDO TODO MUNDO E QUANDO PRECISO DE AJUDA NÃO HÁ NINGUÉM

"E não nos cansemos de fazer bem, porque a seu tempo colheremos." (Gálatas 6:9)

Se há uma coisa que não podemos, de forma alguma, deixar de fazer é o bem. Estamos de passagem por aqui, é sempre bom lembrar. O bem ou o mal que praticamos será determinante para a forma como viveremos na terra. A Lei do Retorno é infalível. O universo te devolve aquilo que você entrega. Tudo o que fazemos volta para nós de alguma forma, e esse talvez seja o grande motivo pelo qual devemos fazer o bem.

Em todo o tempo e em qualquer circunstância, opte por fazer o bem, sem olhar a quem, não importa se a pessoa mereça ou não, faça o bem. Jesus, falando sobre isso, certa vez questionou: qual o mérito que há em amarmos apenas aqueles que nos amam? Difícil, desafiador e nobre é justamente amar os que nos tiram o sossego. Aqueles que menos merecem são justamente os que mais precisam de nossa ajuda. Não há motivos para se sentir trouxa. Há gratuidade nas boas ações, caso contrário, não são boas. Encare cada ajuda que você consegue proporcionar como uma bênção, pois você não está na posição de quem precisa de ajuda. São sementes que você vai plantando durante sua caminhada. O fruto você conhecerá no tempo da colheita.

Reflexão

CANSEI DE SER TROUXA. AJUDO TODO MUNDO E QUANDO PRECISO DE AJUDA NÃO HÁ NINGUÉM

Amigos são o verdadeiro tesouro da vida, uma bênção maior de Deus, mas em Jesus temos o maior exemplo de um verdadeiro amigo. Vamos pintar e homenagear.

O MEDO DE FAZER AS COISAS ERRADAS PARALISOU A MINHA VIDA

"Mesmo quando eu andar por um vale de trevas e morte, não temerei perigo algum, pois tu estás comigo." (Salmos 23:4)

O pior erro que normalmente as pessoas cometem na vida é o da omissão. E um dos fatores que levam à omissão é o medo. Medo de se comprometer. Medo de errar. Medo de frustrar expectativas. O medo paralisa mesmo a vida das pessoas.

Não fazer nada com receio de fazer algo errado não significa, nem de longe, que se está agindo certo. Tentar faz parte do crescimento. O erro é parte do aprendizado. Todos os gênios da humanidade, antes de se tornarem gênios, erraram, falharam em suas tentativas. Alguns foram considerados medíocres. Mas por não desistirem, tornaram-se gênios.

Tenha fé. A fé é um instrumento importante em nossas vidas e nos é muito útil nesses momentos. Tenha fé em Deus, em algo maior que jamais nos deixa sozinhos, mas tenha fé também em você. Não subestime sua capacidade de realizar, de fazer bem-feito. Não se abale com os primeiros erros. Eles são necessários, fundamentais para nosso crescimento. O medo de errar rouba da gente a alegria da conquista. Não permita que isso aconteça. Você está no controle, tome as suas decisões com muita fé e confiança. Você pode. Você consegue.

Reflexão

O MEDO DE FAZER AS COISAS ERRADAS PARALISOU A MINHA VIDA

Inspire-se no que alguns grandes pensadores escreveram sobre o medo de errar.

"Quem quer agradar a todos, não agrada a ninguém"
Jacques Rousseau

• • •

"O único homem que nunca comete erros é aquele que nunca faz coisa alguma. Não tenha medo de errar, pois você aprenderá a não cometer duas vezes o mesmo erro"
Theodore Roosevelt

• • •

"A vida é para quem é corajoso o suficiente para se arriscar e humilde o bastante para aprender"
Clarice Lispector

• • •

"Quem pretende apenas a glória, não a merece"
Mário Quintana

• • •

"Se todas as tentativas dessem certo, não haveria experiência, ou aprendizado algum. Só aprende quem erra; isso é viver"
Anônimo

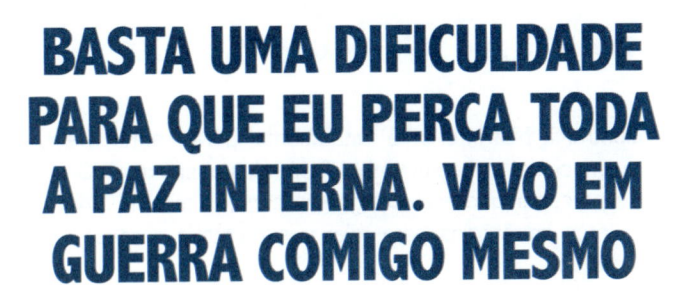

BASTA UMA DIFICULDADE PARA QUE EU PERCA TODA A PAZ INTERNA. VIVO EM GUERRA COMIGO MESMO

"Eu disse essas coisas para que em mim vocês tenham paz." (João 16:33)

Passamos por muitas aflições, perseguições, tristezas, perdas, enfim, enfrentamos muitos obstáculos em nosso dia a dia. É necessário que passemos por tudo isso sem travar uma guerra interna, sem perder a paz de espírito, até para poder tomar as decisões com sabedoria. Esse trecho de João fala dessa paz que vem de Deus, como uma promessa para que não desistamos da luta ao nos depararmos com as adversidades.

As dificuldades nos tornam mais fortes, seguros, maduros. O crescimento pessoal passa pela superação de problemas. Aprendemos, nesses momentos, lições de humildade e perseverança. Jesus Cristo, filho de Deus, passou por sofrimentos que nem sequer conseguimos imaginar tamanha dor e sofrimento. Nessa realidade, para os povos cristãos, mora um ensinamento primoroso para a vida, pois se até o Rei teve de suportar tortura e humilhação para que os planos de Deus se concretizassem, nós também não devemos esmorecer, pois a caminhada é feita de rosas e espinhos, e todos têm uma função, uma razão de ser. Portanto, é preciso entender que a tempestade passa. A noite fria e escura chega ao fim e encontra o sol de um novo dia. Portanto, sejamos firmes.

Estamos em processo constante de aprendizado, um processo evolutivo em que as quedas são parte importante. Quando subimos numa bicicleta pela primeira vez, não saímos pedalando de primeira. Após alguns bons tombos, começamos a pedalar com desenvoltura. As aflições podem nos engrandecer. Voltando ao exemplo da Bíblia, Jesus venceu a tudo, inclusive a própria morte ao ressuscitar. Assim também nós não devemos nos acovardar diante dos problemas.

Reflexão

BASTA UMA DIFICULDADE PARA QUE EU PERCA TODA A PAZ INTERNA. VIVO EM GUERRA COMIGO MESMO

Encontrar a paz interior é fundamental para manter o equilíbrio emocional e não sucumbir diante dos obstáculos. Quando você perceber que está em guerra consigo mesmo, adote as seguintes estratégias para relaxar a mente e escapar dessa armadilha:

1. **Esvazie as emoções:** sente-se em um lugar tranquilo, feche os olhos, inspire e depois expire completamente, colocando para fora qualquer sensação de desconforto, cansaço, irritação... Faça várias vezes até sentir que o ar expulso leva consigo todo o descontrole.

2. **Estabeleça limites:** se sua vida está muito atribulada, diminua o ritmo, avalie o que é realmente importante e não tema cortar aquilo que suga sua energia desnecessariamente. Simplificar o dia a dia é um dos principais passos para conseguir paz interior.

3. **Pense no momento presente.** Muitas aflições que nos roubam a tranquilidade estão ligadas a uma projeção de futuro que geralmente não se concretiza.

_____

_____

_____

_____

_____

VALE A PENA VIVER UMA VIDA DE PROBLEMAS?

"... Eu sou teu Deus; Eu te fortaleço, e te ajudo, e te sustento com a destra da minha justiça."
(Isaías 41:10)

Dificuldades fazem parte da vida. Sejam elas financeiras, conjugais, enfermidades, depressão, tristeza sem motivo aparente. A fé é uma das armas para seguir em frente na busca da solução de todo e qualquer problema. É ela quem alimenta e dá força para seguir na luta e tornar a vitória algo possível. É pela fé que conseguimos respostas que o mundo não oferece e que, de certa forma, trazem consolo à nossa alma.

Infelizmente, passamos por esta vida nos sujeitando a toda a sorte de males, faz parte, ninguém passa por aqui ileso ou imune às provações. O que vai diferenciar as pessoas é a maneira como elas lidam com tais provas. Podemos nos esconder e lamentar. Nesse caso, a vida passa e seremos meros espectadores. Podemos também lutar para resolver as questões e melhorar nosso mundo. Com fé, foco e força, certamente encontraremos o caminho que, se não trouxer as respostas para todas as demandas, minimamente fará com que nos sintamos mais capazes e fortes o suficiente para convivermos com os problemas, pois até eles têm seu tempo de solução. Nem tudo é quando e como queremos.

Reflexão

VALE A PENA VIVER UMA VIDA DE PROBLEMAS?

Uma vida de problemas é menos importante do que a maneira como se lida com eles. É preciso torná-los menores, com menos significância. Se até os mais firmes e fortes têm problemas, imagine aquele que encara a vida como uma dificuldade. Não deixe para recorrer a Deus só quando o problema aparece. Faça de suas orações um hábito diário, sem lugar ou hora marcada, para trazer serenidade para o seu pensamento, tranquilidade para o seu corpo, e paz ao coração.

É da fé que cresce o otimismo e a felicidade.

Aproveite este espaço para escrever uma carta para Deus, como a um amigo. Fale de suas aflições, angústias, e agradeça o que reconhece como bênçãos em sua vida, por menores que sejam.

_____
_____
_____
_____
_____
_____
_____
_____
_____
_____
_____
_____

PERDI AS ESPERANÇAS EM TER MEUS SONHOS E PROJETOS REALIZADOS

"E disse Deus: Haja luz; e houve luz."
(Gênesis 1:3)

Nada é impossível para aqueles que creem e desejam de verdade realizar seus sonhos e projetos. Mas é preciso colocar o coração, o foco, a fé e a força na busca de cada realização. Por outro lado, vale pensar que, se ainda não aconteceu o que queríamos, provavelmente ainda não é chegada a hora... ou talvez não seja um desejo tão relevante ou mesmo positivo para nós. Vai saber do que o universo está nos protegendo? Não realizar um desejo, um sonho, pode ser uma grande tragédia na vida. Realizá-lo também pode ser uma.

Deus desejou de todo o coração criar o mundo e tudo o que nele existe. A força da criação, segundo o livro do Gênesis, iniciou-se com a pronúncia de uma frase curta, mas de imenso poder de realização: "Haja luz". Bastou para que o tudo que existe fosse criado. Precisamos descobrir qual é o nosso "haja luz" para que façamos o mesmo em nossas vidas. Essa frase deve ser carregada de atitudes, pois de braços cruzados nada irá se criar.

Reflexão

PERDI AS ESPERANÇAS EM TER MEUS SONHOS E PROJETOS REALIZADOS

Existem sonhos, desejos, vontades e existem objetivos. Aprender a diferenciá-los pode ser o que falta para o seu "haja luz".

Quando sonhamos com algo, parece que colocamos a responsabilidade de sua concretização no universo. A palavra "concretizar" vem de concreto, de juntar e agregar. Ou seja, concretizar um sonho exige construção. Demanda energia, trocas, sacrifícios.

Escreva seu sonho e liste o que tem feito e o que falta para concretizá-lo. Trace um plano de ação e transforme-o em um objetivo. Se a lista de ações soar desconfortável, ele será sempre um sonho.

_____

_____

_____

_____

_____

_____

_____

_____

_____

_____

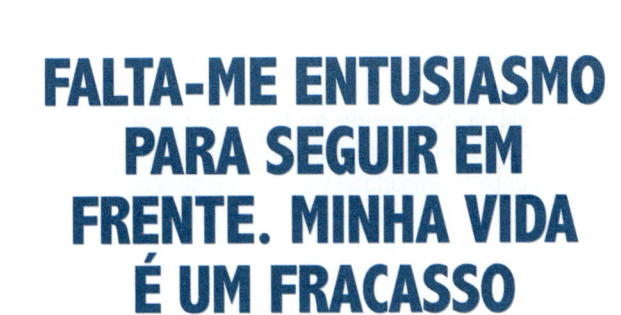

FALTA-ME ENTUSIASMO PARA SEGUIR EM FRENTE. MINHA VIDA É UM FRACASSO

"Mas, sejam fortes e não desanimem, pois o trabalho de vocês será recompensado." (2 Crônicas 15:7)

Todo dia, junto com o sol, nasce uma nova oportunidade. Uma nova chance de vencer, de ser feliz, de realizar aquilo que ainda não se realizou, de fazer diferente, de mudar o rumo. Todo dia surge uma nova perspectiva de encontrar caminhos, saídas e soluções para o que, até o dia de ontem, não foi possível. Só por isso já temos motivos suficientes para não desistir.

A vida é uma caminhada. O encanto dessa caminhada, acredite, está justamente no trajeto entre o ponto de partida e o de chegada. O que acontece entre um e outro é o que deve nos fascinar, pois há aprendizado em cada momento, bom ou ruim. Tropeçar e levantar, tomar decisões, lidar com as frustrações de expectativas, vibrar com as surpresas, nada se compara.

Desistir não deve ser uma opção, pois, nada é definitivo, tudo passa – o bom e o ruim. Perseverar com fé e manter-se atento às possibilidades é o segredo para não perder o encanto pela vida. Olhe para sua história. Certamente verá quantos momentos difíceis já foram superados. Pense o que teria perdido e deixado de viver se tivesse desistido logo nos primeiros erros, nos primeiros obstáculos. A vida é dom, é presente de Deus. Somos todos aprendizes nessa caminhada. Os obstáculos são nossos professores, nos ensinam e nos tornam pessoas melhores. Se encararmos a vida sob esse ponto de vista, ao cruzarmos a linha de chegada e olharmos para trás, veremos, com alegria, o quanto valeu a pena. E seremos gratos por cada momento.

Reflexão

FALTA-ME ENTUSIASMO PARA SEGUIR EM FRENTE. MINHA VIDA É UM FRACASSO

"A nossa maior glória não reside no fato de nunca cairmos, mas sim em levantarmo-nos sempre depois de cada queda", diz o provérbio chinês. Pinte esta cena imaginando-se o personagem que assiste ao nascer de um novo dia.

GOSTARIA DE SER MENOS VINGATIVA. MAS PAGO SEMPRE NA MESMA MOEDA

"Não procurem vingança nem guardem rancor contra alguém do seu povo, mas ame cada um o seu próximo como a si mesmo. Eu sou o Senhor." (Levítico 19:18)

A vingança é mais um daqueles sentimentos cuja principal vítima é aquele que a pratica. Sim, por irônico que possa parecer, o maior prejudicado quando um plano de vingança está em andamento é quem se move por esse desejo. A vingança nada mais é do que uma obsessão. Nessa busca, aquele que é movido por esse objetivo praticamente cega diante da vida, paralisa tudo, não enxerga nada além do seu alvo e foca apenas em realizar a vingança. Ou seja, deixa de viver a própria vida e vive em função de prejudicar o outro.

Tolice e perda de tempo, mesmo quando a tal sede de vingança é saciada, pois certamente, a "vítima" irá, mais cedo ou mais tarde superar o problema a ela causado e a vida seguirá normalmente. Quanto ao "vingador", esse não terá jamais a satisfação de ver "justiça sendo feita", por maior que seja o dano causado. Ao contrário, viverá num vazio. Vingança não tem nada a ver com justiça. O tempo perdido e desperdiçado na perseguição de alguém jamais será recuperado. Em alguns casos, a vingança retorna em forma de um processo, de inimizades, de perdas materiais ou afetivas. Mas a perda é certa.

Não procure o caminho da vingança. Deixe que Deus se encarregue de pôr as coisas nos devidos lugares. Nesse eterno "plantar e colher", o que uns chamam de vingança, outros, sabiamente, chamam de carma ou "lei do retorno". O que é de cada um, virá. Inclusive para aqueles que se acham injustiçados.

Reflexão

GOSTARIA DE SER MENOS VINGATIVA. MAS PAGO SEMPRE NA MESMA MOEDA

"O perdão mata as injúrias, a vingança multiplica-as", disse Benjamin Franklin.

Quando bem trabalhados, os sentimentos de mágoa e frustração podem ajudar no seu crescimento pessoal e transformar algo ruim em positivo. Experimente seguir estes passos:

1. **Abandone o papel de vítima** – perceba que você foi parte do que aconteceu, procure, sem ficar presa ao remorso, qual foi sua parcela de responsabilidade, sem se culpar.

2. **Dê um novo significado** – quando experimentamos algo que nos magoa, o desejo de esquecer é muito grande, mas se não paramos de pensar nesse algo ou em suas consequências, então não esquecemos. A única saída é dar outro significado ao ocorrido. Um exemplo: você não foi abandonada, sua relação estava insuportável, você era infeliz e agora está livre para encontrar outro alguém, um relacionamento melhor.

3. **Livre-se do rancor** – perdoar é seu melhor caminho. Depois de aceitar sua responsabilidade e encontrar uma nova maneira de olhar para o que aconteceu, o perdão virá mais fácil e lhe tornará livre para seguir adiante.

ME ACHO UMA PESSOA FEIA E TENHO MEDO DE REJEIÇÃO

"A beleza de vocês não deve estar nos enfeites exteriores... Ao contrário, esteja no ser interior, que não perece." (1 Pedro 3:3-4)

Não existem pessoas feias ou bonitas. Existem pessoas. O conceito de feio ou bonito é meramente estético e efêmero, pois o que era considerado belo nos anos 1990, por exemplo, hoje já não é mais. É importante lembrar que tudo o que Deus criou é belo, pois é único.

Olhe mais atentamente para você e verá como há uma beleza singular, particularidades que apenas você possui, seja no olhar, no sorriso, no jeito de ser. E é assim com todo mundo.

No mundo de superficialidades no qual vivemos, a supervalorização da imagem é um problema enorme, pois na busca pela beleza externa – e passageira – muita gente encontra a morte. Não são poucas as notícias de pessoas que morreram numa mesa de aplicação de silicone ou durante uma cirurgia plástica. É um crime, um atentado cometido contra nós mesmos. Na tentativa de melhorar a obra de Deus, que ironia, perde-se a vida.

Como diz Pedro no versículo acima, devemos cultivar e valorizar nossa beleza interior, essa "que não perece", ou seja, podem passar os anos e ela ainda estará lá conosco, na velhice, até o fim. Essa beleza é composta por bondade, solidariedade, bom humor, humildade. Fica ali guardadinha em nosso coração, manifesta-se desde nossa primeira respiração e nos acompanha até o fim de nossa jornada. Quanto mais dermos vazão a ela, mais renovada fica essa beleza. E Deus se alegra com isso. Não são poucas as pessoas que emanam uma luz, um brilho, uma energia tão boa que se tornam lindas, mesmo que a aparência física não se enquadre nos padrões estéticos do momento.

Não se prenda nem valorize tanto o que dizem por aí. Antes, valorize suas características, redescubra suas potencialidades, cultive seus melhores sentimentos e aceite-se com muito amor próprio, afinal, a aprovação ou a rejeição dos outros não deve ser tão ou mais importante do que a sua opinião sobre você. Seja feliz e agradeça a Deus por ser como você é. Uma pessoa singular, única.

Reflexão

ME ACHO UMA PESSOA FEIA E TENHO MEDO DE REJEIÇÃO

Sentir-se bonito é muito mais do que a aparência no espelho. É um estado de espírito. Há pessoas que mesmo reconhecidamente belas não conseguem se ver assim. Lembre-se: atitude é tudo!

5 mandamentos para ganhar confiança:

1 LEVANTE O OLHAR
Você se sentirá muito melhor se mantiver a cabeça erguida.

2 SORRIA MAIS
Acredite na energia de um sorriso. Faça algo que o deixe feliz e o espelho automaticamente apontará essa transformação.

3 ENCONTRE SEU ESTILO
Não adianta se projetar nos outros. Use a sua personalidade a seu favor.

4 SEJA GENTIL COM VOCÊ MESMO
Quando for elogiado, nada de se autodepreciar. Comece a prestar atenção no que você tem de melhor.

5 ESPIRITUALIZE-SE
Descubra seu valor interior. A harmonia emocional e espiritual é o segredo de beleza mais eficaz em qualquer época da vida.

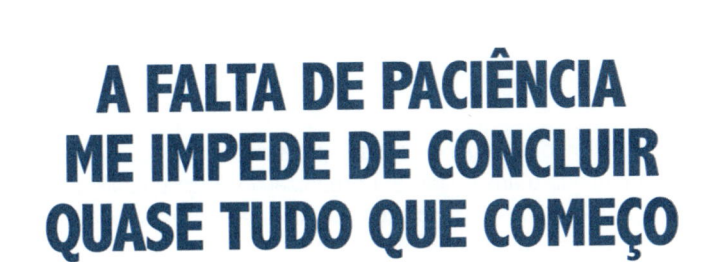

A FALTA DE PACIÊNCIA ME IMPEDE DE CONCLUIR QUASE TUDO QUE COMEÇO

"Alegrem-se na esperança, sejam pacientes na tribulação, perseverem na oração."
(Romanos 12:12)

A obsessão que temos pelo resultado imediato só gera uma consequência: a frustração. Neste mundo onde pesquisar na internet nos traz, em segundos, respostas para qualquer pergunta, somos comandados pela ansiedade. Queremos chegar ao décimo andar sem antes passar pelos nove que o antecedem. É do térreo, direto, sem escalas. Não é assim que funciona.

A vida é uma trajetória, cujo grande prêmio é justamente o aprendizado. Tudo que conseguimos vivenciar desde o ponto de partida até o ponto de chegada. As pessoas que conhecemos, as decisões certas e erradas que tomamos, os trabalhos realizados, os planos para conseguir aquilo que queremos, enfim, o que dá o sabor à conquista é a soma disso tudo. Não é uma boa estratégia queimar essas etapas, até porque sempre há uma chance de mudar os planos e redefinir os objetivos.

Como ensinam as escrituras, temos que nos "alegrar" durante a caminhada, saboreando cada passo dado. A esperança de atingir o objetivo nos move e dá força para termos a "paciência" vital na hora da tribulação, ou seja, quando as coisas não vão bem. Deus recomenda que, nessas horas, perseveremos na oração. Mas veja, não se trata de orar e ficar esperando as coisas acontecerem. É orar e seguir em frente, agir, não fugir da batalha diária sabendo que Deus, em todas as horas é e sempre será por nós.

Não concluir os projetos que se inicia, é sinal inequívoco que tem faltado força e coragem para seguir em frente. É preciso saber lidar com o tempo. Tudo na vida tem seu momento, nada acontece antes da hora, de forma precoce. Precisamos aquietar e aproveitar ao máximo tudo que a caminhada tem a nos ensinar. Confie e siga e frente. A vitória é certa e não tarda.

Reflexão

A FALTA DE PACIÊNCIA ME IMPEDE DE CONCLUIR QUASE TUDO QUE COMEÇO

Ser paciente exige o controle de nossos pensamentos e ações. Um primeiro passo para diminuir a ansiedade é a organização. Faça uma lista de tarefas e estabeleça prioridades para executá-las. Defina um prazo para cada uma. Deixe a lista à vista para não perder o foco.

TAREFA	PRAZO

SOU MUITO PESSIMISTA, NÃO ACREDITO QUE NADA DE BOM POSSA ME ACONTECER

"O meu Deus enviou o seu anjo, e fechou a boca dos leões, para que não me fizessem dano..." (Daniel 6:22)

Esse pessimismo é reflexo de outro sentimento que tem sido cada vez mais comum em nossa sociedade: a falta de confiança. Não nos sentimos capazes ou fortes o suficiente para superar situações muitas vezes corriqueiras, a que todos estão sujeitos. Daí, na hora do aperto, surgem aquelas frases de efeito que explicam em boa parte a maneira como nos comportamos diante da vida: é um tal de "Deus no comando pra cá"; "o Senhor é meu pastor e nada me faltará", pra lá, que se boa vontade bastasse não haveria espaço para aflição.

A maioria das pessoas que diz "Deus no comando" não larga o volante. Como Deus pode estar no comando se não se abre espaço para que Ele assuma de fato a direção e dite os caminhos? A verdade é que não confiamos em nós, mas também não confiamos cegamente naquele que dizemos amar e acreditar, pois, se assim fosse, não hesitaríamos um segundo em entregar nossa vida nas mãos Dele.

Outros que pregam o "nada me faltará" o fazem com um olho no peixe e outro no gato. Oras, se creio que Ele é meu pastor e que jamais deixará que algo essencial me falte, qual é o impedimento para fazer o que tem de ser feito? Por que não arriscamos mais na vida? Qual o motivo de tanta insegurança, uma vez que o nosso Senhor é o Todo Poderoso e sempre, sempre e em qualquer circunstância, veio, vem e virá em meu socorro? Por que acreditamos mais na segurança do dinheiro do que no amparo do amor de Deus? A resposta a todas essas perguntas é simples: nossa fé não é grande e sólida o suficiente.

Imagine-se no lugar de Daniel, que foi jogado numa jaula cheia de leões famintos. Ele saiu ileso. Daniel, um homem que era extremamente fiel a Deus, não temeu nem duvidou por um segundo de que seria salvo. Sua fé o salvou. Assim é com cada um de nós. Sempre seremos salvos das "bocas dos leões" se formos fiéis a Deus.

Reflexão

SOU MUITO PESSIMISTA, NÃO ACREDITO QUE NADA DE BOM POSSA ME ACONTECER

Positividade atrai positividade, enquanto negatividade atrai negatividade. O primeiro passo para afastar maus pensamentos é mudar seu campo de vibração. Palavras têm poder. Deixe de falar em fracassos, dificuldades, pare de se lamentar. E faça uma lista de gratidão. Anote tudo o que aconteceu de positivo em sua vida na última semana. Você verá quanta coisa boa recebeu da vida sem se dar conta. Agradeça. Quanto mais você agradece, mais o universo cuida bem de você.

LISTA DE GRATIDÃO DA SEMANA

NÃO TENHO DISPOSIÇÃO PARA IR À LUTA. ADORARIA TER UMA VIDA SEM PRECISAR FAZER GRANDES ESFORÇOS PARA TER TUDO DE QUE PRECISO

"Não ame o sono, senão você acabará ficando pobre; fique desperto, e terá alimento de sobra." (Provérbios 20:13)

A preguiça que se condena não é essa que nos acomete após um almoço de domingo, ou ao final de uma jornada de estudos ou trabalho árduo, acompanhada de cansaço. Não. Essa é temporária e inofensiva. A preguiça que se condena é aquela que leva ao abuso, à transferência de responsabilidades. Aquela que coloca o preguiçoso num patamar acima dos demais, afinal ele crê que, tal como um rei, ele veio ao mundo para ser servido, e não para servir, e que os demais cumpram suas tarefas enquanto ele desfruta.

É desse comportamento abusivo que precisamos fugir. Essa preguiça é a do indolente, daquele que vive do suor e empenho dos outros. Do estagnado, que só anda para frente na vida à base do empurrão. Aquele que espera que tudo caia do céu e, depois, o sirvam até à boca. O preguiçoso patrocina o caos e a discórdia. Muitas vezes se reveste de fantasias como "o coitado", "o azarado", "o pobrezinho". Qual nada. Tal qual um vampiro, suga as energias dos que estão à sua volta e não contribui em nada para os seus ou para a comunidade na qual vive. O universo da preguiça não evolui. Não se desenvolve. Nada à sua volta progride ou se edifica de maneira positiva, pois o comodismo e a lei do menor esforço são suas regras, em que pese apreciar sempre o bom e o melhor... e se for por meio do esforço dos outros, aí é o cenário perfeito.

Não há nada pior na existência humana do que um indivíduo que não realiza seus potenciais, seus talentos. Aquele que não almeja um crescimento, um aperfeiçoamento, que não coloca suas habilidades e competências a serviço da sociedade. Esse é um morto em vida e, em algum tempo, se verá sozinho e precisará se mexer. Mas aí, já pode ser um pouco tarde.

Reflexão

NÃO TENHO DISPOSIÇÃO PARA IR À LUTA. ADORARIA TER UMA VIDA SEM PRECISAR FAZER GRANDES ESFORÇOS PARA TER TUDO DE QUE PRECISO

"Não é a erva daninha que mata a plantação, mas a preguiça do agricultor", diz um provérbio chinês.

Uma vez convencidos de que devemos combater a preguiça, isso deve se tornar um hábito diário, a começar por pequenas coisas do dia a dia. Não espere uma grande transformação da noite para o dia. A solução está em fazer uma coisa por vez, com capricho, com atenção. É uma louça bem lavada, uma camisa passada de forma impecável, é guardar de volta o livro que pegou na estante, é arrumar a cama sem deixar rugas, é deixar a mesa do escritório organizada para o próximo dia.

Comece a praticar essas pequenas coisas para si, depois para os outros e verá que esse hábito vai incorporando em você, que sentirá cada vez mais prazer pelas coisas bem-feitas, em lugar das não feitas.

_____

_____

_____

_____

_____

_____

_____

_____

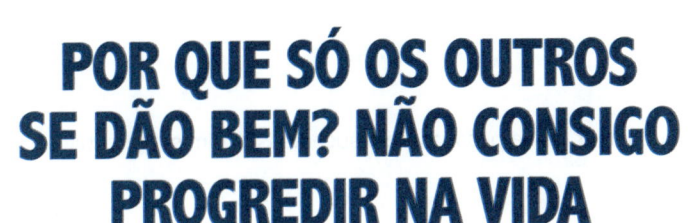

POR QUE SÓ OS OUTROS SE DÃO BEM? NÃO CONSIGO PROGREDIR NA VIDA

"Pois onde há inveja e ambição egoísta, aí há confusão e toda espécie de males." (Tiago 3:16)

Insatisfação. Essa parece ser uma característica que acompanha o ser humano até o final dos seus dias. Estamos querendo sempre mais. Parece que nunca há o bastante. E isso não é ruim. A ambição é o que nos leva para a frente. A vontade de crescer, de melhorar de vida é legítima, saudável e positiva.

Mas quando isso vira um problema? É quando direcionamos nosso objetivo àquilo que o outro tem. Não satisfeitos com a nossa vida, colocamos como meta ter a vida do outro, a começar pelos bens materiais: a casa, o carro, as roupas e chega até ao estilo de vida. Copiamos a religião, as viagens, os gostos, frequentamos os mesmos lugares na tentativa de viver algo que não nos pertence. A isso se dá o nome de inveja, palavra que deriva do latim *invidia*, cujo significado é "olhar com malícia".

Essa, digamos, ambição egoísta – como aparece na citação de Tiago, acima – não é boa. Não traz crescimento, não desenvolve nada de positivo àquele que projeta seus sonhos numa vida que não lhe pertence. A inveja faz com que vivamos uma mentira enorme e muito danosa, na medida em que deixamos de viver e construir nossa realidade, de realizar nossas verdadeiras boas ambições.

Se a inveja tem pautado sua vida, pare e reflita. Verá que nada de bom foi edificado a partir dela. Mude sua atitude, seu olhar. Volte sua energia para mudar sua realidade e construir seus sonhos a partir da verdade que mora no seu coração. Sua vida vai andar para frente. A grama do vizinho pode até ser mais verde, mas sempre será a grama do vizinho. Enquanto você a cobiça, a sua seca.

Reflexão

POR QUE SÓ OS OUTROS SE DÃO BEM? NÃO CONSIGO PROGREDIR NA VIDA

Vamos observar o que pessoas bem-sucedidas dizem sobre cobiça e inveja:

"Você afirma que não é feliz, mas poderia sê-lo partilhando a felicidade do próximo, se a sua inveja não estivesse lhe tirando este último recurso"
— Jean de La Bruyére.

"Quando um homem está envolvido em si mesmo, ele se torna um pacote muito pequeno" — John Ruskin.

"Há poucas pessoas capazes de prestar homenagem ao sucesso de um amigo, sem qualquer inveja" — Ésquilo.

"Inveja-se a riqueza, mas não o trabalho com que ela se granjeia"
— Marquês de Maricá.

"Feliz é aquele que vê a felicidade dos outros sem ter inveja. O sol nasce para todos, mas a sombra é só para quem a merece" — um anônimo.

VIVO PARA RESOLVER PROBLEMAS. QUAL O SENTIDO DISSO?

"Depois que tiverem comido até ficarem satisfeitos, louvem o Senhor, o seu Deus, pela boa terra que deu a vocês." (Deuteronômio 8:10)

Acordou hoje? Terá o que comer durante o dia? Apesar de alguns problemas, terá o que fazer e para onde ir? Então dê graças! A sociedade moderna deixou de valorizar o essencial da vida, as pequenas conquistas. Esquecemos o sentido da gratidão, de reconhecer o que de bom conquistamos ou que a vida nos deu.

Antes de reclamar da louça que terá de lavar, lembre-se que houve comida na mesa. Ou antes de amaldiçoar ter de acordar cedo e pegar condução lotada para ir ao trabalho, pense que, se o ônibus já está ali, o motorista acordou muito mais cedo do que você. Agradeça por ter um trabalho, pois existem milhões de pessoas tentando ter, diariamente, um lugar onde possam ganhar o pão de cada dia. Dor de cabeça, unha encravada, mancha na pele, queda de cabelo? Apenas cuide, sem esbravejar. Há tanta gente lutando pela vida num leito de hospital. São tantas situações em que supervalorizamos nossos pequenos percalços do dia a dia e os transformamos em grandes problemas.

A gratidão é a mãe de todas as virtudes e a base de todas as outras. Reconhecer as pequenas coisas que abençoam nossa vida é uma forma de agradecer a Deus por tudo de bom que nos acontece e, dessa forma, manter esse ciclo virtuoso. Ignorar isso, além de ingratidão, é se diminuir diante da vida, se colocar numa posição de insatisfeito e, principalmente, um ato de egoísmo extremo.

Em tudo dai graças. Sempre que puder, demonstre sua gratidão. Seja solidário aos que não têm a mesma sorte que você, aos desafortunados. Sua vida ficará mais leve e, consequentemente, você será mais feliz.

Reflexão

VIVO PARA RESOLVER PROBLEMAS. QUAL O SENTIDO DISSO?

Aprender a reconhecer o valor das pequenas coisas e ser grato pelo que se tem é algo que pode ser praticado no seu dia a dia e faz com que você mantenha uma atitude mais positiva perante a vida. Não custa nada tentar.

Toda noite, procure listar as coisas boas que você notou ao longo do dia. Começar por coisas materiais é normal, mas não se esqueça das sensações, da gentileza dos outros, das belezas da natureza, do que vê de bom nas pessoas. Agradeça em voz alta até o simples fato de acordar para mais um dia, muitos não terão esse privilégio.

Com o tempo, procure associar as coisas como: **"sou grato pela minha visão saudável, que me permite ler e poder contar histórias lindas que fazem meu filho feliz"**.

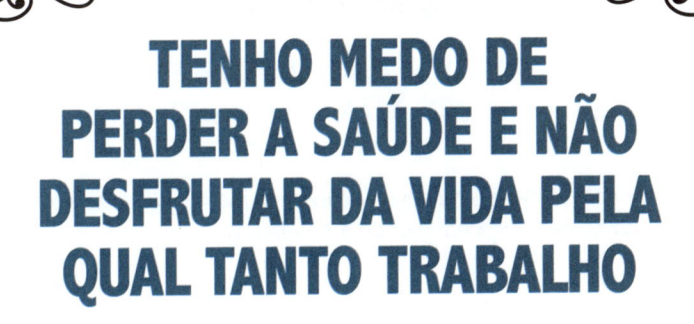

TENHO MEDO DE PERDER A SAÚDE E NÃO DESFRUTAR DA VIDA PELA QUAL TANTO TRABALHO

"Certamente Ele tomou sobre si as nossas enfermidades e sobre si levou as nossas doenças..." (Isaías 53:4)

A saúde é o nosso bem mais precioso. Sem ela, nada faz sentido. Dinheiro, posses, bens, posição social, fama... nada nesse mundo tem significância se não tivermos saúde para usufruir. Não são raras as histórias de pessoas com posição de destaque na sociedade, milionárias até, que se viram frágeis e completamente rendidas diante de um problema de saúde. Daqueles que não há cheque que dê conta. Nessas horas, lembramos de que na vida somos todos iguais. A doença que acomete o pobre, acomete o rico. Há até um sábio ditado que alerta para o fato de passarmos metade da vida gastando a saúde para ganhar dinheiro, e a outra metade gastando o dinheiro para recuperar a saúde perdida. É muita insensatez.

É preciso viver com certo equilíbrio, preservando e cuidando da saúde sem, no entanto, nos privar de prazeres cotidianos, mas tudo dentro de uma medida, sem exageros.

Além da saúde física, precisamos cuidar também da saúde emocional. Doenças emocionais, invariavelmente, desencadeiam doenças físicas. Sempre que possível, temos que minimizar as discussões. O poder do perdão é imenso. Quando perdoamos de coração quem nos ofende, livramos nosso coração de mágoas. Quando desenvolvemos a capacidade de nos perdoar, livramos o nosso coração da culpa. A humildade é outro santo remédio. É reconhecer o erro. É pedir perdão. É voltar atrás sempre que necessário.

Quando as escrituras sagradas tratam desse tema, e revelam que fomos curados pela ação do Filho de Deus, basta notar que nesses atos há sempre o amor, o perdão e a humildade no centro das ações. Até porque perdão e humildade são formas de amar. Exercitemos isso e vivamos uma vida sã e plena.

Reflexão

TENHO MEDO DE PERDER A SAÚDE E NÃO DESFRUTAR DA VIDA PELA QUAL TANTO TRABALHO

É provado que a pintar é uma atividade extremamente relaxante. Experimente. Ouse nas cores e faça um mundo a seu modo.

QUANDO FALTA DINHEIRO, BATE O DESESPERO. NÃO SEI VIVER SEM ESSA SEGURANÇA FINANCEIRA

"Quem ama o dinheiro jamais terá o suficiente; quem ama as riquezas jamais ficará satisfeito." (Eclesiastes 5:10)

Ninguém em sã consciência desconsidera a importância do dinheiro em nossa vida. A segurança financeira é objetivo da maioria das pessoas. Porém, apesar dessa constatação, é um erro colocar toda esperança, foco e esforço na busca por dinheiro. Quando se diz que "dinheiro não traz felicidade", o que está nas entrelinhas é a ideia de que nunca haverá satisfação possível, por mais que se tenha. Quanto mais se tem, mais se quer. É essa inversão de valores de que trata o trecho bíblico encontrado no livro Eclesiastes.

O dinheiro tem uma função na nossa vida: pagar por aquilo de que precisamos. A pergunta é: do que realmente precisamos? Então, o problema não está na quantidade de dinheiro que nos traz o sentimento de segurança, mas sim em compreender quais são de fato nossas necessidades. Veremos que precisamos de bem menos do que imaginamos para termos uma vida digna e feliz.

A questão da ganância explica-se quando o valor do dinheiro não é monetário, mas do poder que ele falsamente confere a quem o tem. Por isso a busca insana por mais e mais. Por isso a correria alucinada por apostas quando um prêmio de loteria acumula. Por isso que enriquecer, muitas vezes, é um objetivo que vem antes de ser feliz, pois, equivocadamente, algumas pessoas acreditam que a riqueza é condição para felicidade.

Precisamos ser previdentes, não negligenciar os imprevistos que a vida traz e, para fazer frente a essas situações, ter uma condição financeira razoável é muito importante. Mas jamais podemos fazer do dinheiro o nosso Deus.

Reflexão

QUANDO FALTA DINHEIRO, BATE O DESESPERO. NÃO SEI VIVER SEM ESSA SEGURANÇA FINANCEIRA

"A simplicidade é o último grau de sofisticação"
– Leonardo da Vinci.

Se a função do dinheiro é pagar por aquilo de que precisamos, você consegue responder à pergunta: do que realmente você precisa?

Reduzir o nível de consumo ao nível do razoável fará com que você ajuste seu orçamento, tenha mais tempo e qualidade de vida, viva mais feliz e com saúde – o que poupará dinheiro em médicos e medicação.

Ninguém gosta de baixar o padrão de vida que conquistou. A solução e também a dificuldade está em fazer trocas que satisfaçam.

Para tudo existe uma alternativa: para os medicamentos, o genérico; para o supermercado, a feira; para o automóvel, o transporte público; e assim por diante.

Tente listar as coisas das quais você se sente dependente, de que necessita, e para cada uma delas, faça as perguntas:

Eu preciso realmente disso?

Eu preciso exatamente disso; não existiria uma alternativa razoável?

Relacionamento

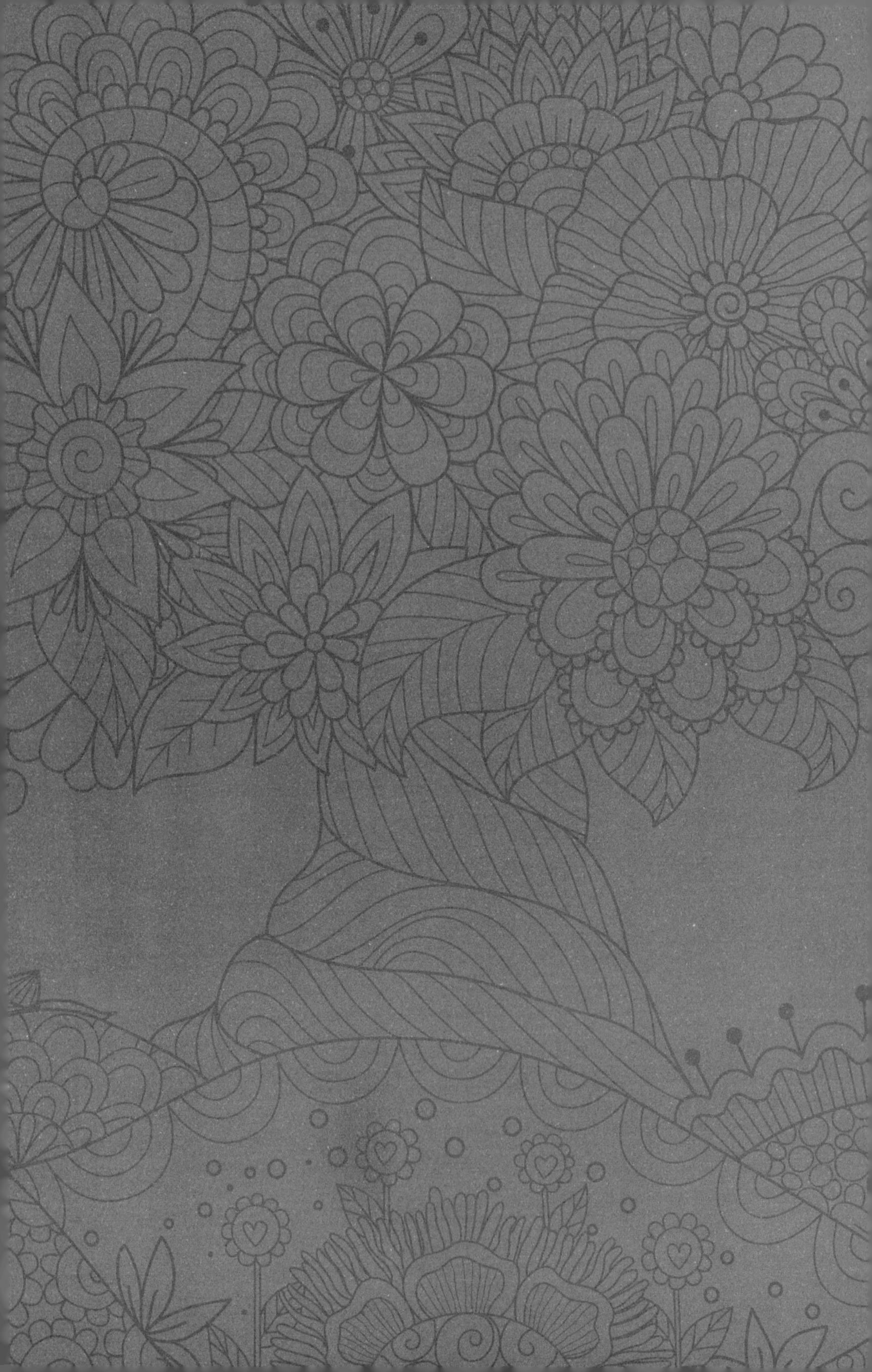

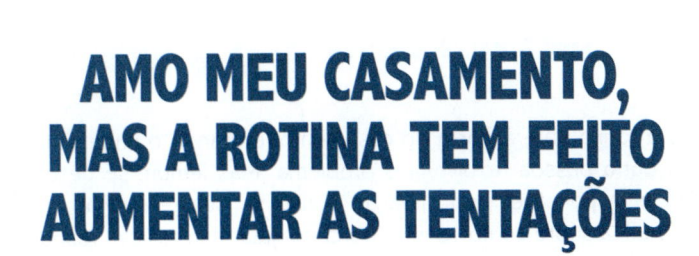

AMO MEU CASAMENTO, MAS A ROTINA TEM FEITO AUMENTAR AS TENTAÇÕES

"O casamento deve ser honrado por todos; o leito conjugal, conservado puro; pois Deus julgará os imorais e os adúlteros." (Hebreus 13:4)

O próprio filho de Deus sofreu por 40 dias e 40 noites as mais terríveis tentações. Não cedeu a nenhuma. Sozinho, renunciou a qualquer possibilidade de trair seu Pai e sua missão. Mas enfrentou, não fugiu, não se escondeu, apenas teve forças para dizer não.

Jesus, mais uma vez, nos ensinou como enfrentar as tentações de um mundo que insiste em tentar nos desviar do caminho que escolhemos, da missão que assumimos, de tudo em que acreditamos.

Fisicamente Jesus estava sozinho no deserto, mas em oração constante trouxe Deus para o seu lado e pela fé, pelo poder da oração enfrentou e venceu o mal. Da mesma forma é conosco no dia a dia diante das tentações. É natural que as relações se desgastem com o tempo. Com o casamento não seria diferente. Mas, nesse caso, a diferença é que não se trata de uma relação qualquer. Casamento é a união cujo fruto é a família, a materialização de um amor maior, um amor que faz nascer o pai, a mãe e os filhos, frutos de amor imensurável. Não se dá as costas para algo tão grandioso. Por mais difícil que a situação se apresente, desistir não deve ser uma opção, trair e ceder às tentações, tampouco. Se um filho está doente, não podemos jogá-lo fora ou desistir dele. Devemos cuidar, tratar para que ele se cure e volte a levar uma vida saudável. Assim também deve ser com o casamento. Cabe ao casal dialogar, buscar ajuda, elevar suas preces na tentativa de saber os motivos pelos quais a situação chegou ao ponto em que está e, em Deus, encontrar as forças para honrar essa união e restabelecer o matrimônio. Paciência, sabedoria e perseverança são os caminhos que ajudarão a restaurar um casamento em crise e, certamente, a resistir às tentações.

Reflexão

AMO MEU CASAMENTO, MAS A ROTINA TEM FEITO AUMENTAR AS TENTAÇÕES

Quando a rotina bate à porta do casamento, é grande o ímpeto de imaginar que outra pessoa resolveria o problema. Mas lembre-se de que você também é responsável pela situação e não se deixe enganar por falsas ilusões. Reflita sobre como você poderia resgatar sua relação respondendo aos questionamentos abaixo:

Você reserva um tempo a sós com seu cônjuge para curtirem um ao outro sem pressa?

_____
_____
_____

Vocês conversam abertamente sobre como está o sexo entre o casal?

_____
_____
_____

Quando foi a última vez que você o surpreendeu com carinhos em momentos inesperados? E ele?

_____
_____
_____

Vocês têm o hábito de trocar elogios? Criticar menos e elogiar mais une o casal.

_____
_____
_____

SINTO MUITA CULPA APÓS TER RELAÇÕES SEXUAIS

"... abstenham-se da imoralidade sexual. Cada um saiba controlar o seu próprio corpo." (1 Tessalonicenses 3:4)

Não sinta culpa. Se cremos que tudo que foi criado por Deus é bom, assim também é com o sexo. A questão que se impõe é de que tipo de relação sexual estamos falando. É uma relação com amor, respeito, fruto de uma intimidade construída por duas pessoas que verdadeiramente se querem bem? Se for assim, acredite, Deus se alegra, pois o propósito desse amor é gerar filhos, estruturar uma família e glorificar o dom da vida que por Ele nos foi dado.

Já aquela relação que só visa o prazer, realizada de forma instintiva, com o único propósito de sanar um desejo carnal incontrolável, uma relação promíscua e banal, aí de Deus não tem nada. Apenas uma satisfação estritamente humana. E é fácil perceber quando a relação é de ou uma de outra natureza. Se após a relação ficar um vazio, um sentimento ruim, é preciso abrir olhos e repensar. Se por outro lado o sentimento for de paz, de plenitude, uma não caber em si de tanta felicidade e contentamento, Deus está aí.

É disso que trata esse versículo em Tessalonicenses. Ao longo da Bíblia veremos outras referências sempre no mesmo sentido e condenando o adultério e a perversão. Por isso o zelo nas relações se faz necessário para os que desejam um sentimento de plena felicidade e bênção. As igrejas, de um modo geral, ainda ensinam que relações sexuais só devem ser iniciadas após o casamento. Essa orientação vai também no mesmo sentido do que dizem as escrituras, assim, quando as relações acontecem no sagrado ambiente do lar, a promiscuidade, a banalização e o adultério ficam muito distante. Se de fato cremos que nosso corpo é um templo onde habita Deus, ainda mais devemos cuidar para não profaná-lo em busca de prazeres efêmeros.

O sentimento de culpa pode sinalizar algo desordenado, uma ausência de Deus nessa relação e isso merece uma reflexão profunda. É esse tipo de prazer que você quer pra sua vida? Livre-se da culpa. Lembre-se de que Deus é amor e misericórdia.

Reflexão

SINTO MUITA CULPA APÓS TER RELAÇÕES SEXUAIS

Valorize seu corpo, respeite os seus sentimentos, reveja seu comportamento e cultive relações que acrescentem à sua vida, e não as que apenas subtraem.

Diga adeus à culpa com o exercício do balão. Pinte o desenho enquanto reflete sobre cada sensação ruim que sente após a relação sexual. Verbalize essas emoções negativas e anote-as em quadrados amarrados aos balões.

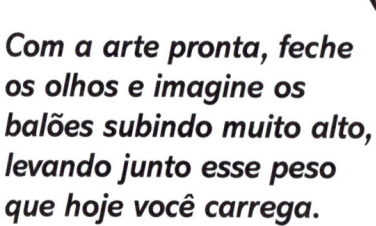

Com a arte pronta, feche os olhos e imagine os balões subindo muito alto, levando junto esse peso que hoje você carrega.

SOU AUTOSSUFICIENTE. NÃO PRECISO DE NINGUÉM

"O olho não pode dizer à mão: 'Não preciso de você!' Nem a cabeça pode dizer aos pés: 'Não preciso de vocês!'. Quando um membro sofre, todos os outros sofrem com ele; quando um membro é honrado, todos os outros se alegram com ele." (1 Coríntios 12:21-26)

É impossível ser feliz sozinho, já dizia o poeta. Uma andorinha sozinha não faz verão, versou o outro. É isso. Sem união não somos nada nesta vida. Todos, absolutamente todos, são, de uma forma ou de outra, essenciais em nossas vidas. Por menos que possamos compreender, as pessoas que com as quais convivemos, sejam elas mais íntimas ou apenas meras conhecidas, têm um propósito em nossa existência. E nós na existência delas.

Nosso relacionamento com o nosso próximo reflete o nosso com Deus. Todo o nosso potencial será inútil se não estivermos resguardados pela graça divina.

As grandes tragédias da humanidade começaram por "rachas" na sociedade. Desunião. Um grupo se achando superior ao outro. O outro acreditando que viveria melhor se aniquilasse o um. É assim também nas nossas tragédias pessoais. Quando o egoísmo fala mais alto, quando acreditamos que nos bastamos e que não precisamos de ninguém para nada, nossas fraturas pessoais começam a ser expostas. Podemos até nos iludir por um tempo. Mas o tempo, como senhor da razão, tratará de reordenar as coisas.

Ninguém é uma ilha e todos sempre temos algo a aprender com os outros. E a ensinar também.

Reflexão

SOU AUTOSSUFICIENTE. NÃO PRECISO DE NINGUÉM

A autossuficiência não resiste ao primeiro item do teste de realidade:

Você produz seus próprios alimentos?

Você não precisa de um hospital ou remédios?

Você só anda a pé?

Você dorme ao relento?

Você come com as mãos?

Então, você precisa das pessoas, dos recursos da natureza, do resultado do estudo alheio e do que o outro pode produzir para você.

Reflita se o que você está querendo é ser independente, caminhar com os próprios pés, ser dono de si, o que não é ruim; ou tem problemas em confiar nas pessoas e, no fundo sofre por que não consegue?

Você pode caminhar com os próprios pés, mas de mãos dadas e disposto a compartilhar.

NÃO CONSIGO CONTROLAR MEUS IMPULSOS QUANDO OUTRA PESSOA ME ATRAI

"Pois tudo o que há no mundo – a cobiça da carne, a cobiça dos olhos e a ostentação dos bens – não provém do Pai, mas do mundo." (1 João 2:16)

Desejo é algo absolutamente humano, natural e saudável. Não há nada de errado em desejar estar ou sentir atração por outra pessoa. Deixa de ser saudável quando esse desejo passa a ser desordenado, quando se torna uma obsessão e passamos a viver em função dele.

Nem todos os desejos existem para serem realizados. É preciso ter isso claro. Muitos devem ficar na fantasia e de lá não sair, pois certamente criarão problemas por infringirem as regras de convívio, a moral e os tabus que historicamente organizam a sociedade.

Quando um desejo se torna obsessão e passa a ditar os rumos da sua vida, é hora de parar e buscar ajuda. É desse desejo que fala o trecho bíblico acima, pois ele escraviza, destrói e causa dor.

Por outro lado, o desejo puro e genuíno, que tem como premissa o bem-estar, a alegria de estar do lado, o amor e a satisfação não apenas pessoal, mas de todos os envolvidos, que constrói e harmoniza.

É preciso atentar, num mundo de tantos apelos, distinguir um de outro. Se o que motiva é a posse, a realização imediata de um prazer individual, aí é um processo maléfico e doentio. Você usa o outro para se realizar e depois, invariavelmente, o descarta. Mas se a motivação for de felicidade, harmonia e realização para ambos, é um desejo que une e transforma; que não se esgota; que, ao invés de aprisionar e sufocar, liberta e traz vida.

Reflexão

NÃO CONSIGO CONTROLAR MEUS IMPULSOS QUANDO OUTRA PESSOA ME ATRAI

Controlar um impulso que é estimulado a se desenvolver o tempo inteiro, seja na tv, nas vitrines, nas letras e nos clipes musicais, nas revistas, é difícil, mas é possível se você:

- **Pensar antes de agir.**
  Refletir sobre por que a pessoa ou a situação o deixa tão vulnerável. Não seja escravo dos seus desejos, seja senhor. Se você simplesmente fugir do confronto de hoje, sem entendê-lo, vai sucumbir amanhã.

- **Aprender a dar o devido valor ao outro, e não considerar que a pessoa que lhe atrai é um objeto a ser conquistado e descartado.**
  Enfrente o encontro buscando direcionar sua energia para outro ponto dessa relação. Talvez se transforme em uma amizade ou parceria; talvez, passado o ímpeto, não sobre nada.

Família

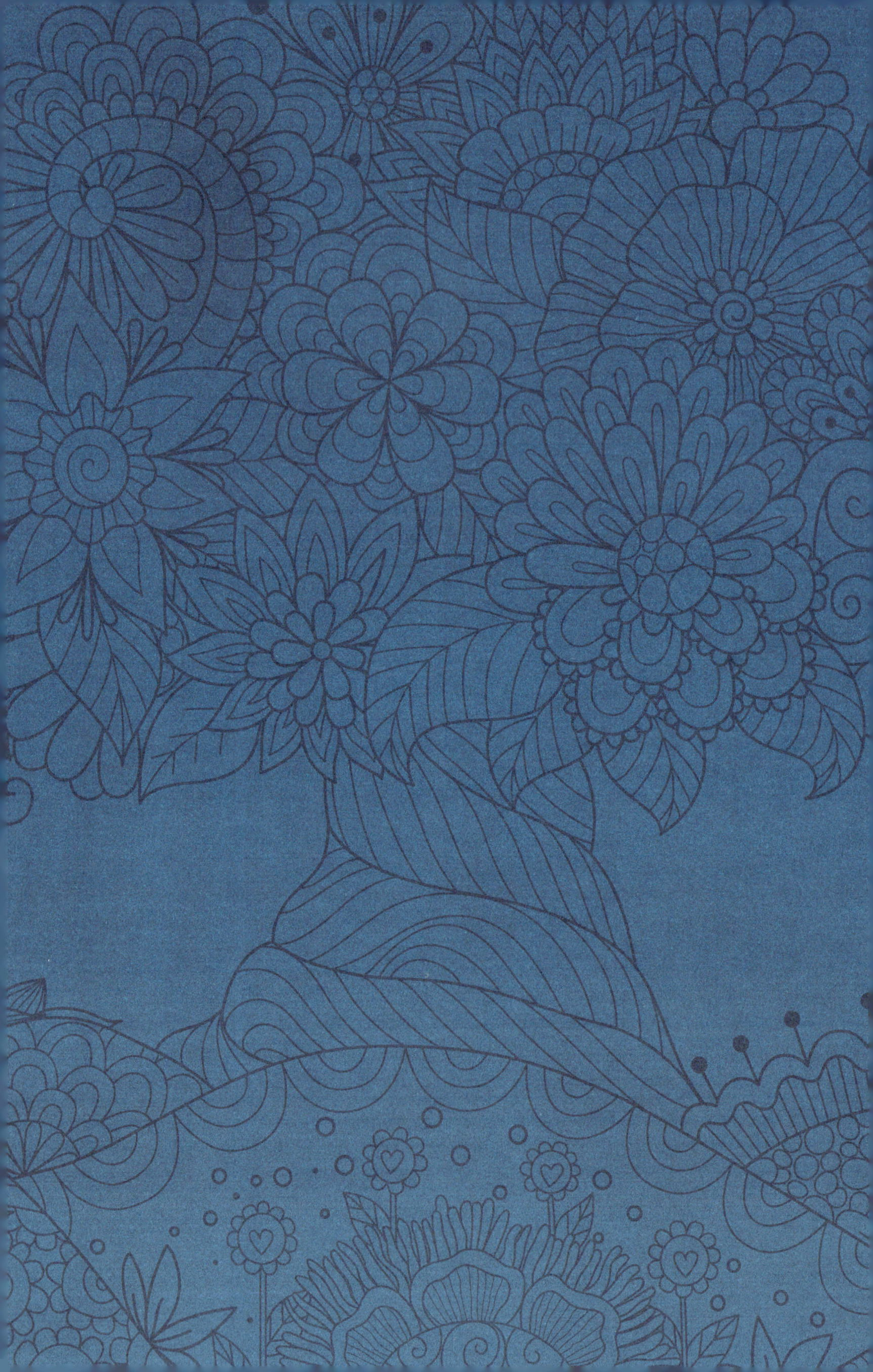

NÃO ME DOU NADA BEM COM MEUS IRMÃOS... PREFERIRIA VIVER LONGE DELES

"Quão bom e quão suave é que os irmãos vivam em união." (Salmos 133:1)

Ninguém é obrigado a conviver com ninguém. Fato. Mas quando se fala dos laços sanguíneos que nos unem aos irmãos, temos de procurar as raízes dessa desarmonia e apostar no amor para superar as diferenças. Sim, porque por menos que possamos perceber, o amor entre irmãos sempre vai prevalecer. Temos de fazer com que o amor jorre de dentro de nós para todos os que estão ao nosso redor. O amor, já diz a Bíblia, encobre uma multidão de pecados e de maus sentimentos.

Às vezes não conseguimos tolerar aqueles que estão à nossa volta, mas nem sabemos o que desencadeia tal sentimento. Nem sempre é algo concreto, mas fruto de uma situação mal resolvida, uma mágoa não revelada, uma decepção vinda de uma expectativa frustrada. Perdoar é a chave para superar esse problema. O perdão é uma das ferramentas do amor. É dizer um eloquente "eu te amo, apesar de..." e, de forma sincera, acolher as imperfeições do outro, até porque a perfeição não mora em nós. Um dos maiores defeitos do ser humano é ser totalmente fraco e errante e, ainda assim, não aceitar os mesmos erros e fraquezas em seu semelhante. Ame seu irmão. Perdoe a si e a ele. O fardo ficará muito mais leve.

Reflexão

NÃO ME DOU NADA BEM COM MEUS IRMÃOS... PREFERIRIA VIVER LONGE DELES

Ao longo de nossas vidas encontramos alguém para casar já tarde, assim como também demoramos a ter a companhia de filhos. Nossos pais envelhecem e nos deixam cedo. Irmãos, ao contrário, estão sempre conosco, toda a jornada. É uma força invisível e profunda que sobrevive à distância e às intempéries da vida. Mesmo que você viva com eles uma relação de animosidade e brigas, irmãos só têm a ensinar uns aos outros. Com nossos irmãos aprendemos muito mais sobre nós mesmos.

Experimente alternar as suas reações, faça um elogio ao invés de uma crítica, demonstre algo positivo a cada dia e sentirá que, quando você muda, tudo muda.

Aproveite este espaço para relembrar um momento em que vocês deram boas risadas juntos e a convivência foi boa. Ou, simplesmente, cole uma foto aqui. Reveja quando sentir amargura.

_____

_____

_____

_____

_____

_____

_____

_____

_____

_____

É CERTO ANULAR MINHA VIDA PARA CUIDAR DOS MEUS PAIS?

"Honra teu pai e tua mãe, a fim de que tenhas vida longa na terra que o Senhor, o teu Deus, te dá." (Êxodo 20:12)

O que seria "anular" a vida? Abrir mão de noitadas, de diversão? Usar parte do tempo que se tem para amparar os que são responsáveis pela sua existência? Se for por aí a definição de "anular", sim, é o certo, é o que se espera, é o que precisa ser feito. Aquele que é incapaz de entender o quão nobre é poder cuidar de um pai ou de uma mãe na velhice tem um sério problema, e de difícil solução.

Se Deus concedeu aos pais a graça de uma vida longa, na qual, possivelmente, puderam criar os filhos, ajudaram a educar os netos – quem sabe os bisnetos – e, não raro, deram suporte aos filhos nos momentos difíceis que toda vida adulta traz; talvez esse presente, essa dádiva não tenha sido deles. Essa dádiva é dos filhos, afinal tiveram o privilégio de contar com os pais praticamente durante toda a vida.

No texto do Êxodo fica muito clara a vontade e Deus nesse ponto. "Honra teu pai e tua mãe". Honrar é compreender e valorizar a presença e papel que tiveram na sua existência e formação. É saber que, se você é alguém nos dias de hoje, muito do mérito é de quem embalou, alimentou e educou. Honrar é devolver de todo coração e com toda gratuidade o amor devotado, todo o tempo entregue, todo o sono perdido; em forma de cuidado, carinho, atenção e amor. Suprir as necessidades materiais qualquer um com algum dinheiro consegue. Nem precisa ser sangue do sangue. Doar-se é apenas para os que têm a exata dimensão do papel dos pais na própria vida.

É preciso lembrar que um dia envelheceremos e precisaremos de cuidados. Teremos que contar com a generosidade dos outros. Que não sejam os estranhos a virem em nosso auxílio. Que nossos atos inspirem nossos filhos.

Reflexão

É CERTO ANULAR MINHA VIDA PARA CUIDAR DOS MEUS PAIS?

A grande dificuldade que os filhos enfrentam ao ter de cuidar de pais idosos é provocada por uma confusão emocional. Há uma quebra da ordem natural: a filha passa a ser mãe dos pais. Para diminuir essa sensação, experimente fazer uma carta de gratidão. Escreva tudo o que sua mãe ou pai fez por você ao longo da vida. Com certeza isso a deixará mais forte para entender a importância de ampará-los.

CARTA DE GRATIDÃO

PENSAR EM MORRER E CAIR NO ESQUECIMENTO DAS PESSOAS QUE AMO ME ENTRISTECE MUITO

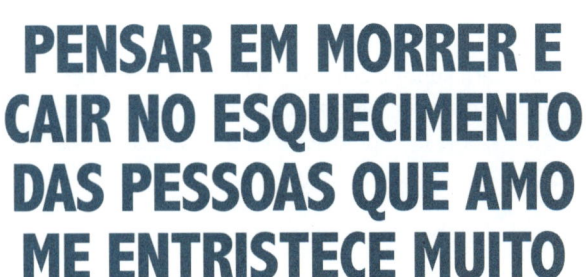

"Que homem pode viver e não ver a morte, ou livrar-se do poder da sepultura?" (Salmos 89:48)

Esta é a única situação da qual nenhum de nós irá se livrar: a morte. Ela chegará para todos, nem cedo, nem tarde, mas na hora em que tiver de acontecer. Mas como não há escapatória, podemos, ao menos, diminuir o sofrimento diante dessa realidade.

Muitas pessoas reclamam quando perdem um ente querido. A pergunta mais frequente é: Por que Deus não o guardou? Ou ainda tentam encontrar um culpado, como se houvesse um, esquecendo-se de que a morte é o que dá ainda mais sentido à vida.

Todos morreremos um dia, como e quando isso ocorrerá é uma resposta que pertence a Deus. Não sabemos e jamais iremos saber. Também, por isso, ou até principalmente por isso, temos de buscar viver intensamente e da melhor forma possível, com leveza, bom humor, solidariedade e valorizar aquilo que realmente importa, e não o que é efêmero.

Ame muito, e todos os dias. Diga aos seus o quanto você é feliz por tê-los ao lado. Sorria sempre. Faça o bem. Abrace. Resolva as questões que pesam na sua caminhada. Assim, quando chegar a sua hora, não haverá do que se arrepender, mas sim muito a agradecer. Quando Deus chamar a sua senha lá em cima, daqui você não levará nada, contudo, pode e deve deixar um legado de verdadeiras boas lembranças e muita saudade. A morte não é algo a temer, mas sim uma realidade inevitável a ser respeitada e com a qual devemos aprender lições de amor e gratidão.

Reflexão

PENSAR EM MORRER E CAIR NO ESQUECIMENTO DAS PESSOAS QUE AMO ME ENTRISTECE MUITO

O primeiro passo para superar o medo da morte é fortalecer sua fé. Reserve uns minutos do seu dia a fim de refletir sobre a grande oportunidade que o universo lhe concedeu e em como você está aproveitando essa experiência.

Lembre-se da frase de Paulo Coelho:

"Deus usa a morte para nos mostrar a importância da vida".

Se o que você teme é cair no esquecimento daqueles a quem ama, mais uma vez a resposta está em cultivar o melhor da vida. A influência de cada pessoa nos outros é um tipo de imortalidade.

Use sua existência para inspirar a família, apoie os sonhos de seus filhos, faça com que todos ao seu redor se sintam acolhidos e, com isso, marcará seus corações pela eternidade.

"Não é a morte que importa, mas o que você faz da vida enquanto a morte não acontece",
ensina o filósofo Mário Sergio Cortella.

SEMPRE SONHEI EM TER FILHOS, MAS HOJE TENHO MEDO DE PÔR FILHOS NO MUNDO

"Os filhos são herança do Senhor, uma recompensa que Ele dá." (Salmos 127:3)

Abrir mão de um sonho, de um projeto de vida, é sempre triste. Não se pode julgar quem faz isso, pois apenas a pessoa sabe das circunstâncias e conhece suas limitações.

Mas antes de desistir de um sonho, é fundamental investigar quais os motivos que nos fazem tomar uma decisão tão radical. No caso de uma gravidez, do sonho de formar uma família, merece uma ponderação ainda maior a possibilidade de se negar a vivenciar algo tão sublime, pois, como pregam as escrituras, filhos são bênçãos em nossas vidas, "heranças do Senhor, uma recompensa que Ele dá".

Será que vale a pena abrir mão desse presente de Deus? Qual grande motivo justifica uma atitude como essa que, muitas vezes, não oferece tempo nem condições para se voltar atrás? Medo? Oras, na vida só não encontramos saída para a morte. E no caso de um filho, o efeito é bem o contrário: uma nova vida renova e revigora a nossa. Encontramos força e fazemos o que for preciso para cuidar, educar e garantir o sustento dos nossos filhos.

Se, por outro lado, o motivo for falta de amor entre o casal ou situações que sugerem um seio familiar que não seja saudável para a chegada de uma criança, aí, nesse caso, há que se pensar se é mesmo o momento. Muitos casais pensam que uma gravidez, que a chegada de um filho, pode apaziguar o lar, trazer a harmonia que falta. É muita responsabilidade para quem acaba de chegar ao mundo. Um bebê nunca pode ter a responsabilidade de resolver as crises dos adultos.

Se o cenário não for esse, então, confie em Deus, confie no presente, na bênção que é o nascimento de outra vida. Certamente haverá de surgir soluções para todo e qualquer problema. Confie e siga em frente com seu sonho.

Reflexão

SEMPRE SONHEI EM TER FILHOS, MAS HOJE TENHO MEDO DE PÔR FILHOS NO MUNDO

Gerar uma criança faz parte do ciclo natural da vida. Algumas pessoas ficam paralisadas diante de uma nova etapa e precisam de mais de tempo para avançar. Contudo, lembre-se de que filho é um presente de Deus e Ele jamais irá abandoná-la nessa jornada.

Leia os pensamentos a seguir sobre maternidade e deixe a emoção ocupar seu coração:

"As mães são o antídoto mais forte diante da difusão do individualismo egoísta"
Papa Francisco

"Amor de mãe é a mais elevada forma de altruísmo"
Machado de Assis

"Os filhos são para as mães as âncoras da sua vida"
Sófocles

"Tudo é incerto neste mundo hediondo, mas não o amor de uma mãe" — James Joyce

"No momento que uma criança nasce, a mãe também nasce. Ela nunca existiu antes. A mulher existia, mas a mãe, nunca. Uma mãe é algo absolutamente novo." — Osho

"Muitas maravilhas há no universo; mas a obra mestra da criação é o coração materno" — Bersot

"O coração das mães é um abismo no fundo do qual se encontra sempre o perdão"
Balzac

Autoconhecimento

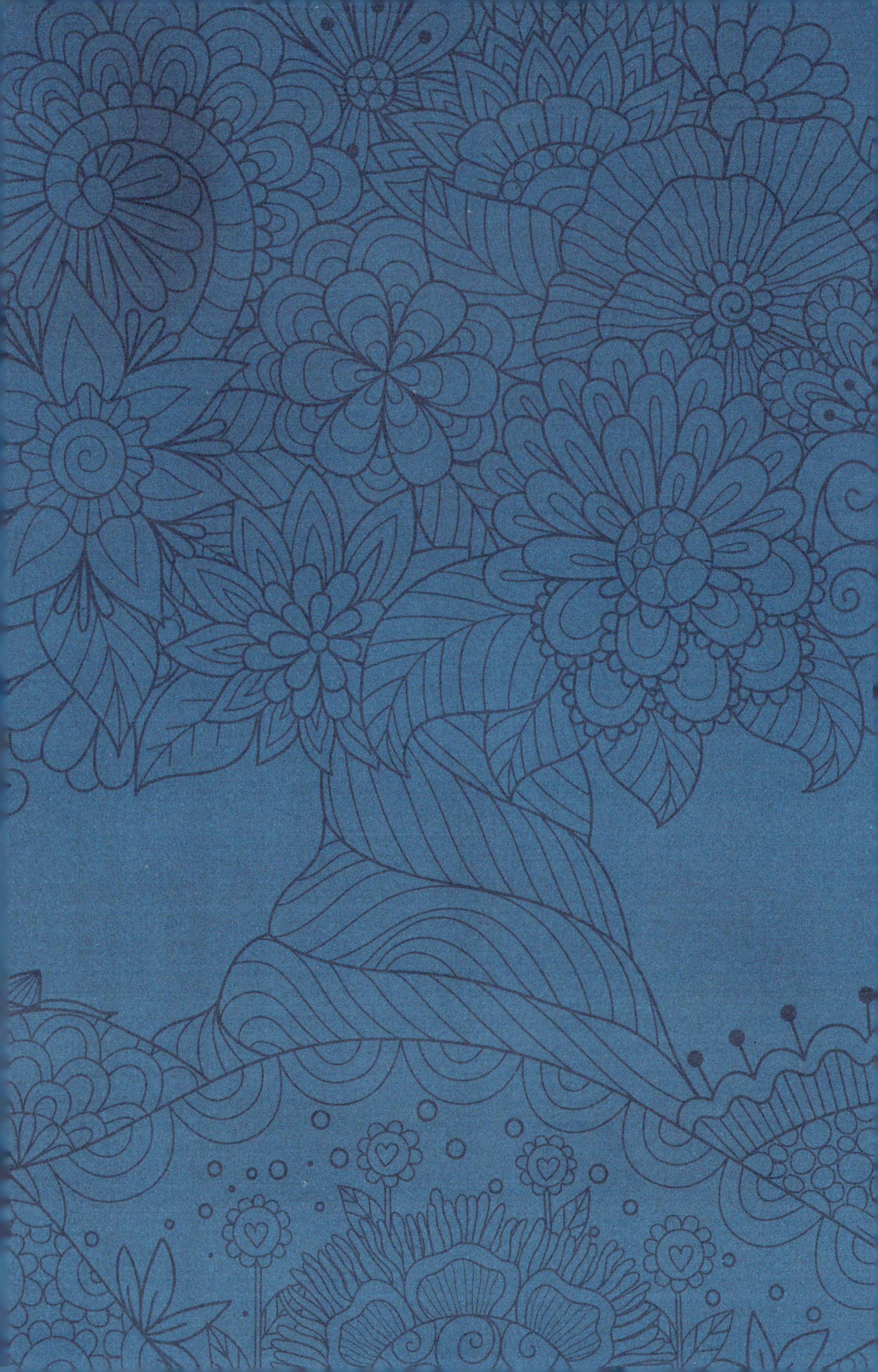

SINTO INVEJA DE ALGUMAS PESSOAS E ME CULPO MUITO POR ISSO

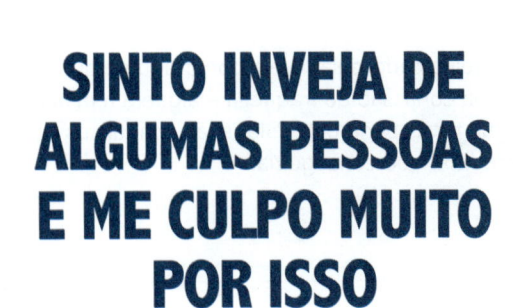

"Mas, se tendes amarga inveja, e sentimento faccioso em vosso coração, não vos glorieis, nem mintais contra a verdade."
(Tiago 3:14)

Primeiro precisamos separar o que é inveja do que é ambição. Inveja é querer ter aquilo que o outro tem. Ambição é o desejo de crescer na vida e conquistar as coisas que queremos, que julgamos necessárias para uma vida melhor. Foque na ambição, e a inveja deixará de fazer parte de sua vida.

Como distinguir inveja de ambição? A ambição é desafiadora, estimula o trabalho, a conquista, a meta, os objetivos. É doçura. A inveja não. É o desejo de ter o que não lhe pertence. Traz angústia, frustração e tristeza. É cheia de amargor. Faz você passar por cima de tudo para conquistar seus objetivos, inclusive difamar o próximo. Ambicione sim, mas com honestidade e dedicação, sem prejudicar ninguém. Agindo dessa forma, mesmo que não consiga o que quer, não haverá frustração e certamente outros caminhos e possibilidades surgirão. O ganho é certo.

Reflexão

SINTO INVEJA DE ALGUMAS PESSOAS E ME CULPO MUITO POR ISSO

Ninguém é tão prejudicado pela inveja como aquele que a sente. Ela nada mais é do que uma confissão de fraqueza – alguém tem algo que você acha que não consegue ter. Experimente listar suas conquistas e pense nas vezes em que não acreditou que conseguiria.

POR MAIS GENTE À MINHA VOLTA, ME SINTO A PESSOA MAIS SÓ DO MUNDO

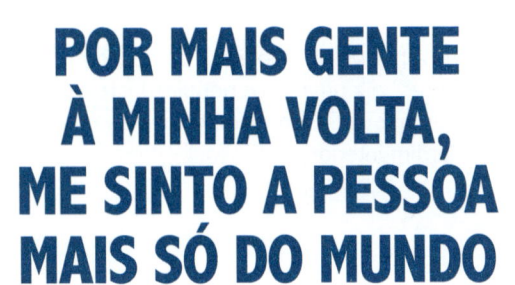

"E eu estarei sempre com vocês, até o fim dos tempos." (Matheus 28:20)

Faça de você a sua melhor companhia. Esse é o segredo para acabar de vez com o terrível sentimento de solidão. Seja a primeira pessoa a reconhecer suas potencialidades, suas virtudes. Da mesma forma que ninguém é perfeito, ninguém é de todo mau. Olhe para você, para sua história, e veja quantos bons momentos você já vivenciou e proporcionou. Busque nesses momentos o seu melhor, sua capacidade de se comunicar, de agregar as pessoas, o bom humor, a graça, a educação, a gentileza, enfim, identifique seus pontos positivos e invista neles. Não se inspire nos outros. Somos diferentes, temos características diferentes e isso é encantador. Inspire-se em você. Valorize-se antes de qualquer outra pessoa.

Parece um velho clichê, mas é a mais pura verdade o ditado que diz que se não formos nós a primeira pessoa a nos amar, quem será? Amor próprio ilumina, traz alegria e contagia. Dessa forma, outras pessoas sentirão prazer em sua companhia. Proporcione isso primeiramente a você. Contagiar os outros será uma consequência.

Reflexão

POR MAIS GENTE À MINHA VOLTA, ME SINTO A PESSOA MAIS SÓ DO MUNDO

"Pare de correr atrás das borboletas. Cuide bem do seu jardim e elas virão até você", diz uma frase popular. Liste aqui suas virtudes, pense nas coisas que faz de melhor, cultive-as como se fossem as flores em seu jardim interior.

SINTO MUITA CULPA E É COMO SE EU DEVESSE ME DESCULPAR COM AS PESSOAS O TEMPO TODO

"É Ele que perdoa todos os seus pecados e cura todas as suas doenças." (Salmos 103:3)

A culpa é um problema emocional que aflige muita gente, infelizmente. Muitas vezes, por uma necessidade de aceitação, passamos boa parte da vida buscando a aprovação das pessoas para tudo que fazemos ou pensamos. Temos pavor da rejeição, da reprovação. Dessa forma, por não nos acharmos suficientemente bons, assumimos para nós a responsabilidade por qualquer coisa que esteja fora da ordem. A chance de resolver algo, e ser admirado por isso, ou mesmo em não resolvendo ser identificado como uma pessoa humilde e solidária, já nos soa como "aprovação".

Nessas horas é recomendável uma reflexão profunda sobre o que nos leva a essa culpa interminável. Não raro, projetamos para o mundo exterior aquilo que não conseguimos resolver internamente, ou seja, não conseguimos nos perdoar por algo que fizemos a nós mesmos, ou até para outra pessoa. Assim, como detectamos algo que não gostamos e não aprovamos em nossa personalidade, fazemos uma espécie de compensação e assumimos culpas e responsabilidades que não nos pertencem.

A cura desse mal passa pelo amor próprio, por uma espécie de autopiedade. É preciso ter mais compaixão por si mesmo. Reconhecer seus limites e imperfeições e aceitar-se, de todo coração.

Reflexão

SINTO MUITA CULPA E É COMO SE EU DEVESSE ME DESCULPAR COM AS PESSOAS O TEMPO TODO

Toda a essência da culpa está na palavra "deveria". Basta você se interessar por uma pesquisa médica sobre a quantidade ideal diária de copos de água para que todos os dias que você se cobre que "deveria tomar mais/menos água" do que está consumindo.

Experimente listar tudo, somando o que as pessoas, a sociedade, seu chefe, sua família e até você mesmo acha que deveria ter feito hoje e observe o tamanho da armadilha.

SOU INCAPAZ DE RECONHECER MEUS ERROS

"O coração do homem se exalta antes de ser abatido e diante da honra vai a humildade."
(Provérbios 18:12)

Eis uma simples palavra que muda tudo na vida de cada um e que repercute em todos à sua volta: humildade. E ela está muito em falta nos dias de hoje. A ganância e a vaidade do homem o têm levado a buscar muito mais a honra do que a humildade, porém há uma grande diferença entre as duas: a humildade abre portas.

Não importa o nível de poder aquisitivo, cultural ou social das pessoas que você conheça ou com as quais conviva, tenha humildade. Trate o porteiro da empresa, a faxineira ou o presidente da mesma forma, você deixará um "bom perfume" por todos os lugares que passar. A humildade trará a honra até você.

Seja uma pessoa que deixa saudades pela sua humildade. Com humildade você entra e sai de qualquer lugar. Já vaidade, orgulho exacerbado e soberba fecham portas e janelas, isolam.

Contudo, não confunda humildade com subserviência. Isso nada tem a ver com o sentimento nobre de respeitar a todos igualmente, de reconhecer quando se está errado e se desculpar, de assumir as responsabilidades pelos erros cometidos, de assimilar as derrotas que a vida nos impõe sem revanchismo, sem melindres. Humildade é uma virtude que engrandece e fortalece, não que apequena e fragiliza.

Experimente colocar pitadas de humildade no seu dia a dia, você vai sentir-se mais leve, mais útil, mais humano e muito mais feliz.

Reflexão

SOU INCAPAZ DE RECONHECER MEUS ERROS

Humildade é um exercício diário, e para toda a vida. Experimente começar a praticar alguns. **Qual será o primeiro?**

( ) Vou ouvir mais e falar menos, principalmente de mim. Não vou me gabar, mesmo que eu tenha tido uma grande conquista – é certo que houve outras pessoas envolvidas nela. Vou esperar que os outros reconheçam meus feitos. Não vou tentar ser o primeiro, vou dar passagem, vou dar lugar e ser gentil. Meu foco será o outro.

( ) Vou evitar fazer comparações entre as pessoas. Toda vez que julgar alguém, farei o mesmo julgamento de mim.

( ) Vou aceitar que não existe perfeição, que tenho muito a aprender e que, sim, posso errar. E, se errar, vou admitir a minha parte, pedir desculpas e dar o meu melhor para reparar. Estamos no mesmo barco e todos têm que remar.

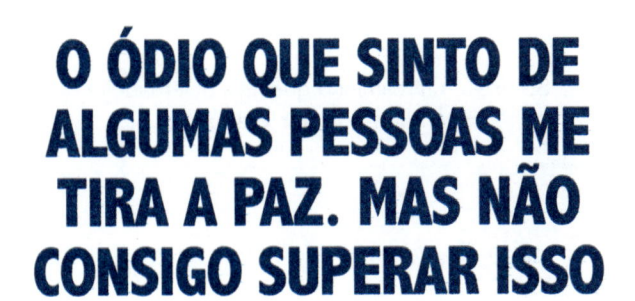

O ÓDIO QUE SINTO DE ALGUMAS PESSOAS ME TIRA A PAZ. MAS NÃO CONSIGO SUPERAR ISSO

"Quem afirma estar na luz, mas odeia seu irmão, continua nas trevas." (1 João 2:9-11)

Eis um sentimento nefasto. O ódio não constrói nada além de muros. Muros que isolam aquele que o sente não apenas daqueles a quem ele odeia, mas de toda e qualquer possibilidade de felicidade. Sim, o ódio empareda o coração, o endurece, torna-o incapaz de dar ou receber afeto. O ódio tem um poder de destruição tal que corrói aos poucos, de forma sútil, mas eficiente, de dentro para fora.

Falo de ódio, não de uma raivinha boba qualquer. O ódio é mais do que um simples "não gostar". É um não suportar a existência, um desejar o pior ao outro em vida. É ficar feliz e satisfeito pelo infortúnio do outro mais do que com as próprias realizações. Quem odeia, anula a própria vida e a dedica para construir a infelicidade alheia.

Esse é o sentido do "continua nas trevas", segundo esse texto de João. O que são as trevas senão a morte em vida, a escuridão da tristeza, a noite fria e sem fim da infelicidade? O único antídoto para esse mal é o amor. Ame intensamente e de todo o coração. Quando não conseguir, peça a graça de amar, principalmente aqueles que só te dão motivos para não amar. Ame e seja solidário aos que lhe tiram o sossego. Esse amor há de libertar você e seu coração do cativeiro do ódio.

Reflexão

O ÓDIO QUE SINTO DE ALGUMAS PESSOAS ME TIRA A PAZ. MAS NÃO CONSIGO SUPERAR ISSO

Só existe um caminho que leva à verdadeira recompensa. **Amar é a razão.**

NÃO ME CONTENTO COM NADA, SEMPRE FALTA ALGO NA MINHA VIDA, E ISSO ME ENTRISTECE

"... contentem-se com o que vocês têm, porque Deus mesmo disse: 'Nunca o deixarei, nunca o abandonarei'." (Hebreus 13:5)

O texto que encontramos em Hebreus fala desse descontentamento, dessa sensação de que sempre falta alguma coisa e recomenda esforço para reconhecer o valor daquilo que temos, pois o mais importante, que é a proteção de Deus, nós sempre a teremos, jamais estaremos sozinhos. Isso quer dizer para nos acomodarmos? De maneira alguma. Apenas nos alerta para percebermos o que realmente é essencial em nossa vida e, a partir daí, estabelecer o peso e a relevância de cada coisa, pessoa ou sentimento, para a nossa felicidade e bem-estar.

Essa sensação pode ser o reflexo de uma carência antiga, mal compreendida e que ficou sem uma solução. É comum transferirmos algumas questões do campo emocional para o material, pois torna o problema concreto. Isso explica, em parte, por exemplo, a compulsão em comprar coisas, em consumir, em comer desenfreadamente e até o consumo de bebidas ou drogas. Essas manifestações nada mais são do que tentativas de preencher um vazio.

Não se contentar não é um problema em si, podendo até ser benéfico, na medida em que ajude na busca pelo nosso desenvolvimento. O importante é descobrir a motivação desse sentimento e não permitir que ele vire um incômodo, um padrão de tristeza, de estagnação, e que pode levar a uma depressão profunda.

Reflexão

NÃO ME CONTENTO COM NADA, SEMPRE FALTA ALGO NA MINHA VIDA, E ISSO ME ENTRISTECE

Não há melhor forma de preencher a sensação de vazio e desmotivação que nos assola de vez em quando do que com amor. Tentar preenchê-lo com coisas só transformará a situação em um círculo vicioso muito danoso à sua saúde física, mental e financeira. É preciso aceitar despojar-se da escravidão dos bens, das coisas mundanas, para percorrer com Deus o caminho que leva à liberdade e à consolação.

Como preencher esse vazio com amor?

- No início, não espere uma grande vontade de fazer algo. Agarre-se na menor ideia que vier à sua cabeça e mova-se. Faça sem muita vontade até que vire uma motivação espontânea.

- Tente dedicar a maior parte do seu tempo livre aos familiares, amigos, conhecidos. Mostre-se uma pessoa disponível para ajudar.

- Envolva-se com um grupo cujo projeto seja cuidar de pessoas ou entretê-las. Corais, grupos de solidariedade, de proteção a animais ou à natureza. Transforme seu vazio em tempo para tornar o mundo mais agradável para você e para os outros.

TODO MUNDO PARECE TER UM OBJETIVO NA VIDA, MENOS EU

"Pois onde estiver o seu tesouro, aí também estará o seu coração." (Mateus 6:21)

O que fazer da vida? O que será do meu futuro? Não é muito comum ter respostas na ponta da língua para essas perguntas. Todo mundo precisa definir um objetivo, um ponto aonde quer chegar. Isso dá sentido a tudo o que fazemos. É o que nos faz acordar cedo e ir à luta.

Mas há um dilema entre fazer o que é preciso e fazer o que gostamos. A obrigação versus o prazer. Esse é um dilema que não deveria existir, mas que, por força das circunstâncias, nos acompanha por boa parte da vida. É preciso prazer na vida. É preciso paixão. No mundo ideal, cada um deveria conseguir viver de acordo com seu talento natural, fazendo aquilo de que gosta, que dá prazer. O músico deveria viver da música, a cozinheira de suas receitas, a dançarina de seu balé... No entanto, a realidade nos obriga a exercer outros papéis. Algumas pessoas conseguem fazer desses momentos uma ponte para chegar aonde quer. Passa um tempo trabalhando em outra função enquanto economiza para aprimorar seus talentos, fazendo cursos, por exemplo; ou segura as pontas para se manter até que surja uma oportunidade na área que almeja.

Todos têm um objetivo na vida, mesmo os que não percebem isso. A aparente ausência de um plano de vida pode ser apenas uma confusão momentânea, reflexo de uma insatisfação com o atual momento, uma insegurança pessoal, um medo de não dar certo, de se frustrar.

Enquanto o objetivo de vida não fica claro, a dica desse texto de Mateus é válida: "onde estiver seu tesouro, aí também estará seu coração". Seu objetivo, aquilo que realmente é relevante, pelo qual vale a pena qualquer esforço, esse é o tesouro e, por ele, temos que colocar todo nosso coração no mesmo lugar, ou seja, toda nossa força, nossa vida, nossa fé e paixão. Coloque o coração na frente, por mais difícil que seja. Redefina, mesmo que temporariamente, seus objetivos, busque uma razão para estar ali pleno, dedicado, inteiro, e faça o que for preciso, nem que seja pelo dinheiro que paga os boletos.

Reflexão

TODO MUNDO PARECE TER UM OBJETIVO NA VIDA, MENOS EU

Descobrir seu propósito de vida nem sempre é fácil. Tenha calma. Às vezes, basta diminuir a pressão interior sobre o tema para sentir sua verdadeira vocação aflorar.

O primeiro passo é entender o que você realmente gosta de fazer. O segundo é perceber que a felicidade não está na imagem que projetamos de sucesso, mas sim naquilo que realmente nos motiva, que alimenta nossa alma, e isso pode ser simplesmente criar os filhos ou ajudar o próximo.

Tire um tempo para refletir e responda ao questionário a seguir para iniciar sua jornada de autoconhecimento.

1) O que você ama fazer?
_____
_____

2) Quais são seus dons?
_____
_____

3) Que tipo de ajuda seus amigos normalmente buscam em você?
_____
_____

4) Como você acha que pode contribuir para o mundo?
_____
_____

5) Como você gostaria de ser lembrada no futuro?
_____
_____

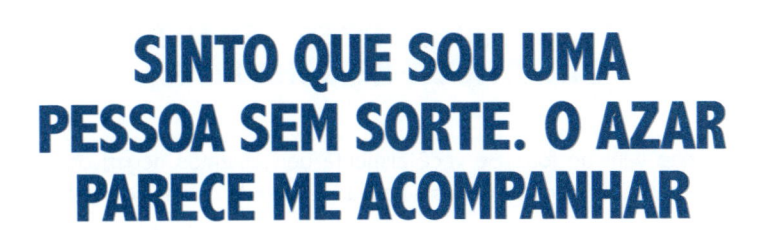

SINTO QUE SOU UMA PESSOA SEM SORTE. O AZAR PARECE ME ACOMPANHAR

"Bendizei, povos, ao nosso Deus, e fazei ouvir a voz do seu louvor." (Salmos 66:8)

Será que tudo é assim, tão ruim mesmo, ou são apenas efeitos de um olhar viciado que não consegue perceber as coisas boas que têm na vida? Sorte? Azar? Nada disso define uma vida. O que define é a atitude diante das coisas, dos fatos, de tudo o que acontece na rotina de todas as pessoas.

Antes de falar de sorte ou azar, reflita sobre a quem você tem sido grato e pelo que você merece ter gratidão na sua vida! Reflita sobre suas atitudes diante de tudo o que você possui, e não apenas em relação aos bens materiais. Há algo em comum a todas as religiões: elas são unânimes no tocante ao ato da gratidão, de conseguir reconhecer até nas pequenas coisas a grandiosidade do amor Deus por cada um. Só por isso, essa teoria de "sorte e azar" já cai por terra, pois um Pai Criador, que ama verdadeiramente cada um de seus filhos, jamais contemplaria uns só com benefícios e outros só com carestias, sejam elas de qual natureza forem.

Viver tem sido uma tarefa cada vez mais perigosa, é verdade. Tragédias chegam em forma de notícias a cada minuto. Estar longe dessas realidades não é apenas uma questão de sorte ou da falta dela. São decisões tomadas ao longo da vida que nos colocam no lugar A e não no B. Nossas atitudes nos dão a direção. Se conseguirmos sair ilesos de todas essas coisas, só por isso já devemos muita gratidão a Deus.

Mas no final das contas, essa é uma área de nossas vidas que está completamente nas nossas mãos. É a atitude de cada um que determina o resultado da nossa história. Claro que há circunstâncias que tornam variáveis essas possibilidades, mas, de maneira geral, muda-se uma realidade mudando-se o comportamento.

Em vez de clamar por sorte a Deus, peça sabedoria para tomar as melhores decisões. Assim a "sorte" irá sorrir para você.

Reflexão

SINTO QUE SOU UMA PESSOA SEM SORTE. O AZAR PARECE ME ACOMPANHAR

A sorte não vem de fora. Se você alimenta pensamentos negativos, dificilmente irá perceber oportunidades e acabará culpando o azar pelo insucesso.

Aproveite este espaço para fazer um exercício que o ajudará a entender melhor como reverter esse processo.

Pense em três momentos de sua vida em que as portas se fecharam. Um amor que não deu certo, uma oportunidade de trabalho que não vingou... é importante relembrar situações antigas. Anote. Escreva ao lado o que você faria hoje para que essas mesmas portas se abrissem.

PORTAS FECHADAS	CHAVE INTERIOR

"Sorte é o que acontece quando a preparação encontra a oportunidade" – Sêneca

AS PESSOAS APONTAM MUITOS DEFEITOS EM MIM E ESTOU QUASE ACREDITANDO QUE NÃO TENHO NADA DE BOM A OFERECER

"Estou convencido de que Aquele que começou boa obra em vocês, vai completá-la." (Filipenses 1:6)

Um oleiro, quando está fabricando um vaso, molda-o até ficar do jeito que ele imaginou. Se acontece algo que não o convença de que o vaso está perfeito, ele amassa e recomeça outra vez, até ficar do jeito que ele quer. Assim somos nós na vida. Um vaso imperfeito em busca da perfeição, que volta e meia precisa recomeçar, precisa ser remodelado.

O trecho da Bíblia citado acima é uma mensagem de incentivo, de estímulo, pois traz a esperança de que um dia o projeto para o qual Deus nos criou irá se realizar e que, portanto, devemos reconhecer nossos limites e imperfeições sabendo que somos como um vaso em construção. Façamos nossa parte, mas deixemos Deus agir, vamos dar espaço e transformar nossas frases de efeito em ações. Lembrando que o "deixar Deus agir" não tem nada de comodismo ou abrir mão dos rumos da vida. É deixar no sentido de fazer valer a fé que temos de que há algo maior olhando e cuidando da gente, portanto, quando fazemos as coisas de coração, de forma honesta e sem prejudicar ninguém, por maiores que sejam as dificuldades, vamos vencer. Assim também é com nossa personalidade. O caminho da virtude é repleto de dificuldades, um convite à desistência, mas a fé nos faz seguir adiante e recomeçar quantas vezes forem necessárias.

Em muitas situações, queremos que as coisas aconteçam na marra, custe o que custar. Devemos ter calma e compreender que tudo na vida tem seu tempo. Vamos fazer o que nos cabe, mas é preciso sabedoria para entender que nem tudo é de nossa alçada e, nessas horas, acreditar que ainda assim o que almejamos é possível.

Reflexão

AS PESSOAS APONTAM MUITOS DEFEITOS EM MIM E ESTOU QUASE ACREDITANDO QUE NÃO TENHO NADA DE BOM A OFERECER

Ouvir críticas de forma construtiva é fundamental para se tornar uma pessoa melhor. Mas isso não pode destruir sua autoestima, pois todo mundo tem algo positivo a oferecer.

Um bom exercício é fazer uma lista com todos os **aspectos de sua personalidade** e depois grifar aquilo que o deixa **feliz** e o que o **preocupa**, necessitando de atenção.

Não perca sua essência tentando agradar os outros, assuma o comando de sua evolução. O filósofo chinês Lao Tsé já dizia: "Preocupe-se com a aprovação das pessoas e você será prisioneiro de si mesmo".

Faça sua lista agora!

ME DEIXA FELIZ	ME PREOCUPA

DEUS NÃO OUVE MINHAS PRECES

"Ouve, Senhor, a minha oração, dá ouvidos à minha súplica; responde-me por tua fidelidade e por tua justiça." (Salmos 143:1)

Nem por um segundo podemos colocar em dúvida o amor de Deus por nós. É um erro muito grande imaginar que sabemos tudo a respeito Dele e de suas ações. Lembremo-nos daquele texto chamado "Passos na areia", em que a pessoa reclamava com Deus que, observando sua caminhada, sempre percebeu quatro pegadas e sabia que ali era Deus o protegendo, o guiando pelo caminho. Notou também que nos momentos mais difíceis de sua vida, havia apenas duas pegadas. Daí deduziu que tinha sido abandonado nos momentos em que mais precisou. Deus, então, após ouvir esse relato, respondeu: "filho, sempre estive a seu lado, o tempo todo. Quando vistes apenas duas pegadas na areia, não foi porque te abandonei. Foi justamente nesses momentos que carreguei você em meus braços".

Deus não nos abandona. Nós é que nos afastamos Dele, seja de forma consciente, por uma decisão racional, seja de forma inconsciente, por meio de atitudes e pensamentos. Imaginar que Deus dá as costas a seus filhos é igualar o Criador às criaturas. É fazê-lo à nossa imagem e semelhança quando deve ser o contrário. Nós devemos buscar ser a imagem e semelhança Dele.

A frase "Deus é fiel" é o sentido mais que perfeito da relação que Ele fez com a humanidade a partir da aliança do Novo Testamento. Deus é fiel e justo. É amoroso e misericordioso. Devemos nos voltar a Ele em todos os momentos de nossa vida. Nos momentos bons e nos momentos difíceis. O desafio é nós sermos tão fiéis a Ele quanto Ele é conosco. Tendo essa consciência, nunca mais ousaremos sequer pensar que fomos abandonados por Deus.

Reflexão

DEUS NÃO OUVE MINHAS PRECES

A Bíblia nos ensina a como se aproximar de Deus, ela é a palavra do Senhor. Converse com Jesus diariamente. Conte tudo sem receio, revele suas aflições. A oração pode ser realizada o tempo todo, mas é importante reservar um momento sem interrupções para buscar orientação. Pinte a imagem abaixo e aproveite esse momento para fortalecer a sua fé.

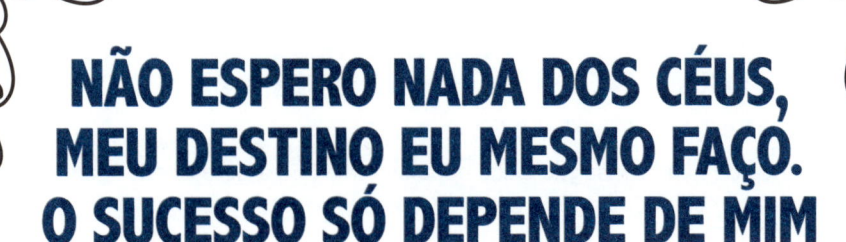

NÃO ESPERO NADA DOS CÉUS, MEU DESTINO EU MESMO FAÇO. O SUCESSO SÓ DEPENDE DE MIM

"Isto diz o que é santo, o que é verdadeiro, o que tem a chave de Davi; o que abre, e ninguém fecha; e fecha, e ninguém abre." (Apocalipse 3:7)

Desde a criação do mundo, lá no Jardim do Éden, esse comportamento autossuficiente já pode ser notado, quando Eva desobedece às ordens de Deus e come do fruto proibido.

Desde então, sempre que o ser humano relativiza Deus em sua vida, o desfecho não é nada bom. A ilusão de que somos os donos do destino, de que fazemos e acontecemos e que toda honra e glória a nós pertence é o caminho mais curto para a perdição.

Quem pensa e age assim, fique à vontade para seguir em frente, afinal, o livre arbítrio nos foi dado e de nós não é tirado. Mas seria bom um exame de consciência para entender em quais momentos as portas na sua vida se fecharam. Independentemente da área, seja no trabalho, em relacionamentos, na família, na saúde, nas finanças... Talvez, ao perceber as circunstâncias em que esses nós não foram desatados, a resposta surja. Sim, porque esses problemas todos podem não ser causas, e sim consequências.

Não devemos exercer um papel que não nos pertence. Devolva a Deus o posto central na sua existência. Ele é o "chaveiro" perfeito, pois tem a chave ideal para todas as situações e, como bem diz o texto, "a porta que Ele abre ninguém fecha, e a que Ele fecha ninguém abre".

Às vezes queremos forçar as portas que se apresentam diante de nós. Não convém que se faça assim. Deixe que Deus conduza, a vontade Dele é perfeita, Ele sabe o que fazer e o que é melhor para cada um. A partir do momento que você entregar todas as chaves nas mãos de Deus, Ele abrirá portas, portões, derrubará muros e removerá montanhas que surgirem nos teus caminhos.

Reflexão

NÃO ESPERO NADA DOS CÉUS, MEU DESTINO EU MESMO FAÇO. O SUCESSO SÓ DEPENDE DE MIM

A ilusão de não precisar de Deus pode ser uma forma de esconder para si mesmo o medo de não ter o apoio divino por falta de merecimento.

Tente se conectar com seu mundo interior e descobrir de onde vem essa negação. Escreva o seu nome e faça algo novo a partir dele.

Você pode usar cores, palavras, buscar sinais que traduzam seus sentimentos mais profundos sem nenhum tipo de censura. Coloque sua alma no papel e monte a mais verdadeira expressão de si mesmo.

CRIE ALGO NESTE ESPAÇO A PARTIR DE SEU NOME

NÃO É FÁCIL SENTIR-SE NO FUNDO DO POÇO DA VIDA, NUM BECO SEM SAÍDA

"Quando a minha vida já se apagava, eu me lembrei de ti, Senhor, e a minha oração subiu a ti, ao teu santo templo." (Jonas 2:6-7)

Esperança. Em tempos de dificuldades é esse sentimento que nos move, que nos faz seguir adiante. É importante manter essa chama acesa em nós, pois se nem esperança pudéssemos mais sentir, então restaria bem pouco, quase nada a fazer.

Mas como ter esperança quando todos os sinais nos dizem que não há mais nada a ser feito? Como acreditar no sim quando o mundo todo diz não? De fato, não é uma tarefa fácil. No entanto, a esperança é um sentimento interminável que mora dentro de nós. Algo inexplicável aos olhos da racionalidade. Não há filósofo, psicólogo, cientista, religioso ou guru capaz de defini-la de forma concreta e racional. A esperança é desses sentimentos que habitam no campo inatingível do ser humano, bem ali, ao lado da fé. Talvez, e apenas talvez, uma alimente a outra.

O texto de Jonas, acima, retrata um momento de desespero, quando possivelmente já não havia saída, quando todos os recursos já haviam se esgotado. Mas eis que ao lembrar do Senhor e elevar uma prece, o ânimo foi renovado e uma esperança brotou. Quantas situações semelhantes a essa temos em nossa vida? Inúmeras. Colecionamos infortúnios que, por vezes, nos fazem desistir de tudo. Mas nessas horas, surge uma esperança que nos faz levantar e seguir em frente. A expressão "não sei de onde tirei forças" – quem nunca fez essa afirmação? – traduz bem o que é esse momento. A esperança, meio que por mágica, nos torna fortes e capazes. Nos devolve a capacidade de respirar e retomar a caminhada. Quando a esperança chega, o desespero desaparece. Onde houver esperança, sempre haverá ao menos uma possibilidade de vida.

Reflexão

NÃO É FÁCIL SENTIR-SE NO FUNDO DO POÇO DA VIDA, NUM BECO SEM SAÍDA

Existem muitas saídas para o que se considera "beco sem saída". Relate o seu problema a algumas pessoas próximas e você vai perceber quantas sugestões e conselhos virão. A questão é: você os ouve ou refuta a todos, dizendo que isso não vai funcionar, que aquilo você já tentou? Talvez você só queira uma passada de mão na cabeça e o reconhecimento de como é vítima do mundo.

Só será um verdadeiro "beco sem saída" se assim você o decidir, se você se enfiar nesse beco fechando olhos e ouvidos e rebatendo a ajuda.

Experimente conversar com um grande número de pessoas sobre o seu problema, disposta a realmente ouvir e considerar o que elas têm a propor. Reflita sobre o que ouviu por algum tempo, não descarte.

Divida em prós e contras antes de tomar esta ou aquela decisão. E, quando estiver só, converse com Deus sobre o que ouviu e o que pensa em fazer.

A solução pode não vir imediatamente daí, mas você terá muito mais elementos para sua ação.

PRÓS	CONTRAS

COMO LIDAR COM O SENTIMENTO DE ABANDONO E INSIGNIFICÂNCIA?

"Senhor, tu assumiste a minha causa; e redimiste a minha vida." (Jonas 2:7)

E do nada nos sentimos em estado de desolação, de abandono. Há uma sensação de pequenez, de quase impotência diante da vida. Há muitos séculos, textos antigos escritos por sacerdotes e monges já descreviam esse estado de espírito, o qual chamaram de desolação. Uma confusão de emoções, um desornamento de sentimentos e afetos que só poderiam ser resolvidos por meio da meditação, da oração, ou seja, da aproximação de Deus. Só há consolação – que é justamente o inverso do estado de desolação – em Deus.

Alguns desses pensadores dos primórdios da igreja indicavam, além da meditação e oração, como prática para sanar essa dor, uma reordenação dos sentimentos e afetos. Essa "receita" pode nos ser útil até nos dias de hoje. Consiste em perceber quais sentimentos predominam e buscar a origem deles. À medida que vamos identificando, dando nome e sabendo a origem, começamos a ordená-los, colocá-los em seus devidos lugares e, em muitos casos, resolvendo-os, seja dando a cada um deles o tamanho e a importância exatos, seja buscando as pessoas que, de uma forma ou de outra, estão ligadas a eles e falando a respeito. Tudo com paz e serenidade.

Saber o que de fato nos incomoda, o que nos traz a angústia insuportável, é um passo importante para não cairmos na armadilha da confusão, que direciona sentimentos ruins como a ira e o medo, por exemplo, para lugares e pessoas erradas. Aproveitemos os ensinamentos desses sábios religiosos, aquietemos nosso espírito nesses momentos, meditemos a respeito, coloquemos cada sentimento em seu lugar e, aos poucos, sentiremos a consolação tão esperada, sem ter machucado ou ofendido ninguém e, principalmente, livrando a nós mesmos desse estado de espírito que nos aprisiona nos porões de nossa vida.

Reflexão

COMO LIDAR COM O SENTIMENTO DE ABANDONO E INSIGNIFICÂNCIA?

Use este espaço para listar e expor seus sentimentos. Dê um número a eles, como uma nota (de 1 a 5), conforme a intensidade do que sente. Isso fará com que você reflita sobre eles, de uma forma mais ordenada. Converse com pessoas de sua confiança, mas dedique sua energia, seu tempo e orações começando pelos que você reconhece como menores. Resolver pequenas angústias fará você se sentir forte para as maiores batalhas.

TENHO MANIA DE INVENTAR COISAS E CONTAR MENTIRINHAS PARA EVITAR CONFLITOS, MAS ACHO QUE A QUALQUER HORA VOU ME DAR MUITO MAL

"E conhecerão a verdade, e a verdade os libertará."
(João 8:32)

A mentira escraviza. Seja ela grande ou pequena, é certo que nos tornamos reféns das mentiras que contamos porque, uma vez contadas, elas ganham vida própria, perdemos o controle e já não podemos evitar as consequências.

É tolice imaginar que "mentirinhas" são inofensivas, porque entre o que você conta e o que, o outro entende há uma distância. E uma distância maior ainda cada vez que essa história é passada para frente infinitas vezes. No final pode ter consequências muito sérias, e a origem foi apenas uma mentirinha boba.

Não há dúvidas de que apenas a verdade liberta. A verdade traz paz e edifica. A mentira destrói e desune.

O caminho do bem, da justiça e da felicidade ensinado por Deus é o caminho da verdade. É por ela que devemos nos guiar.

Quando conhecemos a verdade e desenvolvemos apreço por ela, junto vem o bom senso, a noção de justiça e de respeito ao outro e as circunstâncias que o envolvem e que muitas vezes desconhecemos. Por isso, antes de acionarmos a língua é recomendável pensar, refletir até que ponto o que vamos dizer precisa ser dito.

Se mentir não deve ser uma prática sob nenhuma hipótese, falar a verdade deve ser um valor inegociável em nossa vida. Da mesma forma, vigiar para que a verdade não se torne um instrumento de discórdia ou um mero exercício egoísta para satisfazer o nosso ego ao invés de promover o bem comum.

Reflexão

TENHO MANIA DE INVENTAR COISAS E CONTAR MENTIRINHAS PARA EVITAR CONFLITOS, MAS ACHO QUE A QUALQUER HORA VOU ME DAR MUITO MAL

Mentir para evitar situações difíceis pode virar hábito. E depois de instalada, não é fácil abandonar essa muleta emocional. Trate como se fosse um outro vício qualquer. Identifique os gatilhos e se proponha a não mentir durante um dia todo, enfrentando a mudança dia após dia. Para conseguir, é importante o autoconhecimento. Reflita:

1) Quais são os reais medos que o fazem mentir?

_____
_____

2) Como se sente quando alguém percebe que está mentindo?

_____
_____

3) Como se sente quando descobre que alguém mentiu pra você?

_____
_____

4) Se acha incapaz de manter amizades sendo sincero?

_____
_____

5) Você mente para si mesmo?

_____
_____

PENSAMENTOS RUINS RONDAM MINHA CABEÇA O TEMPO TODO. SÓ DEUS PARA ME SALVAR

"Deus é o nosso refúgio e fortaleza, socorro bem presente na angústia." (Salmos 46:1)

As angústias do dia a dia são terreno fértil para pensamentos destrutivos. É preciso ficar atento a essa situação, pois as consequências podem ser devastadoras para a saúde física e emocional.

Primeiramente é preciso saber que esse é um problema vivido por muitas pessoas, ou seja, não é exclusivo, não é direcionado, é um mal que aflige a sociedade moderna. Insatisfações, medos, inseguranças, baixa autoestima, todas essas emoções misturadas formam a química perfeita para que doenças emocionais e psíquicas se instalem. Aos primeiros sinais, busque ajuda, não guarde para você esse peso.

Além de ajuda médica e do apoio de amigos e familiares, clamar por Deus é fundamental. *"Deus é o nosso refúgio"*, dizem as escrituras. Não apenas o refúgio, mas o único e melhor refúgio. Quer uma palavra mais reconfortante do que essa? São inúmeras as angústias dessa vida. Mas saber que em Deus encontramos a força para superar os momentos difíceis, de fato, é motivo de alívio. Por maior que seja o problema, ele nunca será maior que o seu Deus, pois Ele é presente, Ele é todo poderoso, Ele é bom e misericordioso em todo o tempo e circunstância.

Nesse salmo, Deus surge como refúgio e também como fortaleza, porque Nele está a força e o poder capazes de mudar tudo o que não está ao nosso alcance. Creia. Entregue os seus anseios nas mãos do único que pode realizar os mais verdadeiros e sinceros desejos do teu coração e dar a força e sabedoria necessárias para vencer as duras batalhas da vida.

Reflexão

PENSAMENTOS RUINS RONDAM MINHA CABEÇA O TEMPO TODO. SÓ DEUS PARA ME SALVAR

Estar sempre em estado de alerta nos impede de afastar os pensamentos ruins. Escolha um local calmo, sem interferências externas, e mentalize momentos bons de seu passado. Em seguida, passe para ideias de futuro, com cenas que você gostaria que acontecessem.

Pintar ajuda nesse processo. Use tantas cores quanto desejar na imagem a seguir. Não faça tudo no mesmo dia. Vá colorindo aos poucos, sem pressa. Essa árvore simboliza a sua vida.

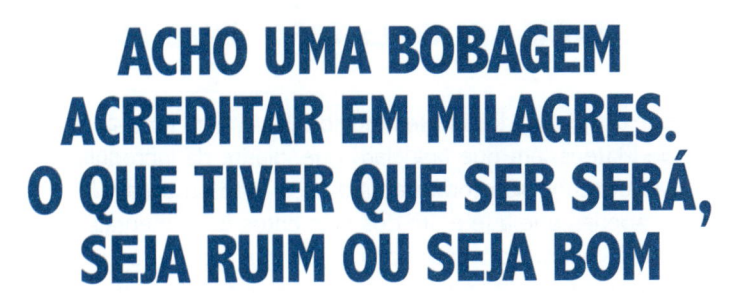

ACHO UMA BOBAGEM ACREDITAR EM MILAGRES. O QUE TIVER QUE SER SERÁ, SEJA RUIM OU SEJA BOM

"E não realizou muitos milagres ali, por causa da incredulidade deles." (Mateus 13:58)

Muitas pessoas pensam exatamente assim. Mas na hora que o calo aperta pra valer, essa conversa cai por terra em questão de segundos. Há momentos na vida em que nada dá jeito. Não há dinheiro, capacidade intelectual, habilidade humana ou relações influentes que resolva. Há momentos em que a intervenção divina se faz urgente e necessária. Ainda mais para os incrédulos.

Em toda a história da humanidade temos exemplos da interferência de Deus. Seja em guerras, desastres naturais, calamidades, pestes, fome, em meio a tragédias sempre há uma história de esperança, de vida, sem explicação racional. É o milagre nos lembrando de que Deus está ali e que Ele, mesmo que não entendamos como nem por quê, cuida de tudo.

Se pararmos para pensar, veremos que milagres acontecem sim todos os dias. É que temos a errada noção de que para ser milagre tem de ser algo grandioso, com luzes, efeitos especiais, como no cinema. Bobagem. Deus não é vaidoso. Ele é sutil. Age à sua maneira, ao seu tempo. É o Deus do impossível. Quem vive nas grandes cidades, por exemplo, deve celebrar diariamente o fato de sair de casa e voltar vivo, pois quantos não têm essa sorte. Da mesma forma, ter saúde num planeta tão doente é outro grande milagre pelo qual devemos reconhecer e agradecer diariamente. Quantas vezes ouvimos relatos comprovados de pessoas que foram curadas de diagnósticos médicos desenganadores? Quantas tragédias e acidentes com chance zero de haver sobreviventes e, quando vemos, as pessoas estão lá, vivinhas narrando o milagre de nascer de novo?

Reflexão

SINTO MUITA CULPA E É COMO SE EU DEVESSE ME DESCULPAR COM AS PESSOAS O TEMPO TODO

Não se pode duvidar de Deus. Nem duvidar Dele, nem tentá-lo. Veja nesse texto de Mateus, em que fica claro que, diante da incredulidade das pessoas, as bênçãos não foram abundantes. Não se trata de negociar com Deus, apenas que a fé é um dos elementos fundamentais para que a ação de Deus aconteça, afinal, como podemos recorrer pelo auxílio de quem não acreditamos? Por isso é preciso entender que o milagre acontece primeiro em nós, no nosso coração e na nossa cabeça. Pedimos e imploramos a Deus por sermos sabedor de que Ele, e só Ele é o Deus do impossível, aquele que, se quiser, se for de Sua vontade, muda a história. Se nossa fé não for verdadeira e sincera, não daremos espaço para que o milagre aconteça em nossa vida. E Deus quer agir. Deus quer cobrir de bênçãos nossas vidas, mas muitas vezes o obstáculo somos nós mesmos. Entregue seu coração e sua confiança nas mãos do Senhor. Ele fará verdadeiras maravilhas em sua vida. Não por merecimento, mas por amor, por graça e misericórdia. Acredite. Tenha fé.

A busca por algo grandioso está cegando sua fé. Os pensamentos a seguir podem ajudá-lo a refletir sobre o assunto:

"Estar vivo, ser capaz de ver, andar, ter casa, ouvir música, admirar pinturas, tudo é um milagre. Adotei a técnica de viver a vida milagre a milagre."
– Artur Rubinstein

"Só há duas maneiras de viver a vida: a primeira é vivê-la como se os milagres não existissem. A segunda é vivê-la como se tudo fosse milagre." – Albert Einstein

"O milagre é o filho predileto da fé." – Johann Goethe

"Não devemos permitir que o relógio e o calendário nos ceguem para o fato de que cada momento da vida é um milagre e um mistério." – Herbert George Wells